果敢善斷

爐邊談話之新政與經濟篇

（美）富蘭克林・羅斯福 著
趙越、馬飛、孔謐 譯

ON AIR

羅斯福既是狐狸又是獅子，
他用狐狸的手段達到獅子的目的。

從來沒有哪一個總統能在如此短的時間裡叫人感覺滿懷希望，
爐邊談話獲得了巨大成功。

危機・人民・領袖

——羅斯福「爐邊談話」及其他

喬繼堂

作爲美利堅合眾國的首都，華盛頓自然少不了有關美國總統的紀念性建築，諸如華盛頓紀念碑、林肯紀念堂等，早已爲人們耳熟能詳。

華盛頓廣場高聳入雲的尖頂華盛頓紀念碑，似乎象徵著一個年輕共和國的獨立與成長，以及共和國憲政原則的嚴正與凜然。

林肯紀念堂莊重的林肯塑像，又似乎象徵了天賦自由的尊嚴，以及合眾國「合眾爲一」的精神指歸。

這樣的紀念性建築，把美國人民對領袖的緬懷與景仰展現無遺，也把美利堅精神體現得淋漓盡致。

與華盛頓紀念碑的高聳、林肯塑像的莊重形成鮮明對比的，是羅斯福紀念公園的一尊塑像——一位衣著儉樸的平民，坐在房間的一角，全神貫注，正在傾聽著什麼。毋需多想，人們馬上就會說出：他是在聆聽羅斯福總統的「爐邊談話」。

任何紀念歷史人物的建築，本質上都是對於一些思想和精神的肯定與堅守。羅斯福廣場的這尊平民塑像，雖然沒有刻意強調總統身分，卻形象生動地給我們講述了一個領袖的非凡故事，一段令人難忘的崢嶸歲月，一些至今閃亮的理念與精神。

一

富蘭克林．德拉諾．羅斯福（Franklin Delano Roosevelt），一八八二年一月三十日出生於紐約的海德公園（Hyde Park）羅斯福家面積達數百畝的莊園。

他是荷蘭人的後裔，祖輩在十七世紀四〇年代移民到新阿姆斯特丹（紐約的舊稱）。羅斯福的父親是一位富有的鐵路官員，母親也出自一個富足的美國家庭。父母對羅斯福從不溺愛，父親教給他責任——爲自己的所作所爲負責；母親的嚴厲則有助於他勤奮、堅韌種種品格的形成。

少年的羅斯福在公立學校讀書，但更主要的是接受家庭教育。一位法國女教師給了他嚴格的語文和歷史素養的培育，對他價值觀的養成也作用甚大。

十四歲時，羅斯福進入私立寄宿學校格羅頓（Groton）學習，在這所以嚴格著稱的學校裏，他經受了鍛煉，學到了知識，激發了他的道德感和社會責任感。

一九〇〇年，羅斯福進入哈佛大學。大學期間，羅斯福通過體育運動和課餘活動，尤其是參與辦校報的活動，從一個靦腆的「局外人」，成長為一名社交活躍分子。在校三年拿到學位後，他又留在學校當了一年校報主編。

一九〇四年，羅斯福進入哥倫比亞大學學習法律，獲得學位後輕鬆通過律師考試，進入紐約的一家律師事務所。在此期間，他與遠房堂妹埃利諾．羅斯福（希歐多爾．羅斯福的侄女）結為夫妻。

羅斯福很快便發現，自己已經不滿足於僅僅做一名律師。一九一〇年，他作為民主黨候選人，競選紐約州參議員，最終獲得了這個已經被共和黨壟斷了三十二年的席位。

在擔任州參議員期間，羅斯福顯得老練而獨立，對政治生活十分適應。在一九一二年的總統大選中，羅斯福支持伍德羅．威爾遜，後來他被任命為海軍部助理部長作為回報。羅斯福對這一工作非常熱愛，因為他從小就酷愛船與大海，而且篤信馬漢的海權論。

這份工作對羅斯福影響甚巨。他主要分管海軍的商務，因而必須面對企業和工會，這使他學會了與他們相處，也認識到商人唯利是圖的一面。其間，他多次請求赴前線作戰，以便為自己的政治生涯增添絢爛的一筆，卻未能如願；但幸運的是獲得了一次赴歐洲視察海軍基地的機會，他由此會晤了同行，目睹了眞正的戰爭。

一九二〇年大選中，羅斯福被民主黨提名為副總統候選人。雖然他最終和競選夥伴詹姆斯．卡克斯敗給了哈定和柯立芝，但這次競選還是讓羅斯福獲益匪淺。

一九二一年八月，羅斯福在紐約長島海濱度假時，由於火災和冰冷刺骨的海水而患上了脊髓灰質炎（小兒痲痹症）。這無異於滅頂之災，因爲這意味他從此要與輪椅和拐杖爲伴，甚至是徹底退出公眾生活。然而，羅斯福依舊十分樂觀，他透過游泳和健身來增強自己的體質；他也沒有從政治舞臺上消失，人們總是能看到他參與政治活動的身影。而且在康復治療中，羅斯福把對他身體頗多助益的喬治亞的一處溫泉改建成一座非營利性的小兒痲痹症水療中心，並創辦基金會，給患者提供收費低廉的治療。

一九二四年，羅斯福開始回歸政壇，在民主黨的大會上，他提名信仰天主教的紐約州州長阿爾佛雷德．史密斯爲總統候選人。雖然史密斯最後未能獲得提名，但羅斯福舉著雙拐登臺演說的豪邁氣概深入人心；提名非基督教徒的舉措，也爲他贏得了變革的名聲。四年之後，史密斯在羅斯福的支持下獲得提名，而史密斯則勸說羅斯福競選紐約州州長。結果，史密斯敗給了胡佛，羅斯福卻贏得了選舉。

紐約州州長是對羅斯福影響深遠的從政經歷。他的州長任期，幾乎是與經濟危機同時開始的，而他在州長任上，也把紐約州當作了體制變革和政治理想的試驗基地，並贏得了廣泛聲譽。從此，羅斯福開始青雲直上，再度擔任紐約州州長後，在一九三二年的大選中，羅斯福這顆「民主黨的希望」之星擊敗胡佛，成爲白宮的新主人。

空前絕後的是，羅斯福在白宮一待就是十二年！自從有「國父」之稱的華盛頓堅持兩任之後不再連任，再沒有任何一位美國總統的任期超過兩屆。一九四〇年，羅斯福本該離開白宮，但美國還沒有完全走出大蕭條，第二次世界大戰的戰火又已經瀰漫歐亞。美國人似乎認爲只有羅斯福才能讓美國渡過難關、走向復興，所以又把他留在了白宮。四年後的一九四四年，美國已經捲入戰爭，而戰時更換總統顯然是不明智的，因而羅斯福又開始了他的第四屆任期。

如今回顧歷史，可以說美國人民的選擇是明智的，對領導美國走出兩次危機來說，羅斯福堪稱不二之選。

遺憾的是，羅斯福沒有在他的第四任期待滿四年。一九四五年四月十二日，身心疲憊的羅斯福，在喬治亞溫泉休養時溘然長逝。幸運的是，此時戰爭已經接近尾聲，而且羅斯福臨終前便已斷定戰事即將結束，並對戰後的世界局勢和美國的利益作出了精心的謀劃。

二

在五歲的時候——一八八七年，羅斯福收到了一個奇特的祝福：「小傢伙，我有一個奇怪的祝福，祝你永遠不要成爲美利堅合眾國總統。」給他祝福的是時任總統格洛佛·克利夫蘭，當時羅斯福一家受邀在華盛頓過冬，臨別時，父親帶羅斯福去白宮向克利夫蘭總統辭行，總統撫摸著他的頭，給了他那個「奇怪的祝福」。

如眾所周知，成爲總統，可以說是「美國夢」的最高形式，而克利夫蘭之所以有此「奇怪祝福」，恐怕是「心有戚戚」了。今天，當人們談論柯林頓、小布希以及歐巴馬頭髮的黑白對比之時，這一點恐怕是所有人都「心有戚戚」了。

的確，美國總統是個催人老的職業，羅斯福當總統的那個年代，對總統的考驗似乎更加嚴峻，對總統的錘煉似乎更加苛酷。人們習慣於用「受命危難之際」來概括偉人的橫空出世，但對羅斯福來說似乎並非如此，因爲他是自己主動競選而出的；不過，時際危難，倒是千眞萬確的。

首先是大蕭條。

就像今天這場金融危機承接著「繁榮」一樣，大蕭條之前的美國，同樣經歷了一個空前繁榮的時期，史稱「喧囂的二〇年代」（當然也有稱之「繁榮的二〇年代」）。

在這十年間，美國國民生產大幅提高：一九一九～一九二七年，工廠勞動生產率提高53%；一九二〇至一九三〇年，農業勞動生產率提高20%；一九二二～一九二七年，年均經濟增長7%，是歷史上和平時期最高的；國民生產總值，從一九一九年的七百四十二億美元（按一九二九年美元計算），增長到一九二九的一千零三十一億美元。科技進步帶來了新產品，又使老產品價格下降，因而汽車、冰箱等都進入了尋常百姓家。隨著生活水準的提高，大眾消費文化應運而生，樂觀主義充斥社會。

然而，繁榮背後的嚴重問題也是不爭的事實。當時雖然人們的生活水準普遍提高，但民眾收入提高的幅度，卻遠遠跟不上工業生產發展的步伐。與高度發展的國民經濟相比，民眾的購買力嚴重不足，生產與消費矛盾突出。在農業領域，由於市場萎縮和國外產品競爭，農民收入幾乎減半。在工業領域，工人工資的增長，遠低於生產力的增長，而且由於生產效率的提高，就業人數幾乎沒有增加。這意味以工薪支撐的社會消費支出相對不足，而購買力不足則又使經濟繁榮無法得到相應支撐，從而進一步加深了生產與消費的矛盾。

與廣大民眾收入增長緩慢形成鮮明對比的，是企業的利潤大幅增長，再加上共和黨政府降低企業稅負，促使財富急速集中。到一九二九年時，美國國家財富的五分之三集中在2％的人手中。

資本的集中，又促使大量資金進入投機市場，當時進入股市的不僅有大富翁，由於拜金主義的美德化以及盲目樂觀情緒的作用，許多中等商人乃至工薪階層也大量投資股票，巨額資金流入股市。在所有這些因素的鼓噪之下，股價猛升，股票獲利豐厚，股市投機無所不用其極，導致嚴重失控。

一九二九年十月二十四日，星期四，美國股市價格暴跌，一天就蒸發了三十億美元，史稱「黑色星期四」。當天，摩根公司拿出二十四億美元基金，以高於市場的價格購買股票，股市行情有所穩定。但十月二十九日，股票再次大挫，一天蒸發了一百億美元，相當於美國在一戰中的總費用。而股票市場的崩潰引起了連鎖反應，各種商品大幅跌價，人們的信心嚴重受挫，信貸收縮，企業裹足，蕭條到來。

三

大蕭條對美國的影響無疑是至深至鉅。正如美國歷史學家小亞瑟・施萊辛格（Jr. Arthur M. Schlesinger）所言：「美國經濟和人民遭受的普遍經濟災難是空前的。在整個美國歷史中，是有過恐慌、衰退和通貨膨脹，但大蕭條對人民生活包括最終對美國制度性質的影響，是不可比擬的。」

就民生而言，蕭條帶來的是收入減少、生活水準下降以及失業流浪。

危機開始的頭一年，時任總統的胡佛要求企業維持原工資，工人工資相對穩定。一九三〇年下半年後，生產減速，工人被迫減少工時，工資也相應減少，年平均工資減少接近20%。有經濟學家推算，一九二七年一個四口之家的最低生活費用爲三千美元，而實際上一九三二年全國家庭平均收入只有一千三百四十八美元。因此，當時的美國工人家庭缺衣少食，生活水準嚴重下降。相對地，出生率也顯著下降，而且出生的孩子普遍健康較差，被稱爲「蕭條的一代」。

農民的情況更爲悲慘。本來，在二〇年代的經濟繁榮中，由於第一次世界大戰後農產品價格下跌，農民就未曾像工人那樣分享過繁榮的滋味，經濟危機更使他們雪上加霜。他們辛苦勞作生產出來的東西，不得不以低於成本的價格賤賣，要麼乾脆讓它們爛在地裏。西部牧場的牲畜賣不掉又養不起，只好宰殺後拋入山谷。另一方面，由於農民抵押借貸的利息並未減少，部分必需品的價格，又不像農產品價格下跌那麼大，農民的購買力大爲下降。因無力償還債務，一九二九至一九三三年間，約有一百多萬戶農民因被取消抵押品贖回權，而失去了他們的財產。

中產階級也受到危機波及，相當艱辛。持有大學文憑的開電梯，大學教授開計程車，專業技術人員領失業救濟金，並不算是新鮮事。在加利福尼亞水庫工地上從事體力勞動的人口中，不少人原來是農場主、牧師、工程師，甚至中學校長、銀行家。正如《紐約時報》所說：「夜裏敲門乞討的，可能幾個月前或一年前在銀行簽發過你的貸款，或者在你所讀的報紙上寫過社論，或者是某家大地產公司的副經理。」不少文化名人亦難逃厄運。比如，《憤怒的葡萄》的作者約翰・史坦貝克，用豬油和食鹽當肥皂洗衣服，連寄稿件的郵費也難以湊足，沒錢看醫生，只好聽任牙齒壞掉。

最可怕的是失業。

一九二九～一九三三年，全美平均每週都有十萬人失業，總人數達一千三百萬，找不到工作的人們只好四處流浪。據歷史學家推測，當時的流浪大軍多達一百五十萬至兩百萬人。他們當中有原本一無所有的佃農，也不乏農場主、醫生、律師、教師，有單身漢也有夫婦，有嬰兒也有孕婦……流浪者沒有明確的目的地，而所到之處又因本身經濟負擔已經很重而不願接納他們，給他們一夜之棲、一餐之助就不客氣地攆走，甚至要面對員警的棍棒或入獄。流浪者住在城郊用包裝盒、廢木板搭成的窩棚裏，人稱「胡佛村」；或者在公園裏的長凳上過夜，裹著舊報紙拼成的「胡佛毯」。

大蕭條最嚴重的影響，是美國民眾信念的崩潰和心靈的創傷，與之相應的不滿和抗爭相當嚴峻。由於胡佛未能採取適當的措施解決問題，民眾的反彈十分強烈。

反對削減工資的工人舉行罷工，失業的工人舉行「饑餓進軍」，城鎮的違法活動不時有之，社會秩序十分混亂。農民則走得更遠，他們設路障，不准把農產品運進城市，採取行動奪回自己被取消贖回權的土地，甚至不惜施暴、殺人。

衝擊也指向了美利堅的制度根基，最爲激進的一部分知識份子，認爲經濟危機是資本主義背叛歷史的結果，主張進行社會革命，學習蘇聯，實行共產主義。但主流的觀點，是在資本主義框架下進行變革，即走一條既非自由放任、又非共產主義的中間道路。很快地，知識份子、政治家、相當比例的普通民眾乃至企業家達成了共識：在資本主義民主自由的前提下，捨棄自由放任的經濟政策，實行一定程度國家干預經濟生活的變革。

顯然，時代呼喚變革，人民呼喚變革。就是在這一片變革之聲中，一九三二年的大選年拉開了序幕。

此時，謀求連任的胡佛抱著舊政策不放，他的競選綱領仍然堅持自由放任政策，主張聯邦不對市場進行干預，基本上靠地方政府解決危機。而羅斯福則早在民主黨大會上的接受提名演講中，就起誓「我決心爲美國人民實行新政（New Deal）」。就此來看，兩位候選人的勝負幾乎不言而喻。

四

一九三三年三月四日，羅斯福宣誓就任總統，也拉開了「新政」的大幕。而實際上，羅斯福的變革精神和「新政」理念，在他就任總統之前就有所體現。

羅斯福在擔任紐約州州長的時候，就奏響了變革的序曲，一定程度上可以說紐約州正是其未來「新政」的試驗場。比如，在公共能源和自然資源保護兩方面，他採取了重大步驟：降低公用能源價格，力主政府管理和參與能源開發，並對私有及公用企業進行有效控制；由州政府購買荒廢的土地用於植樹造林，並進行城鄉接合起來的嘗試。面對經濟危機，他大膽採取措施救助窮人。他任命了「穩定就業委員會」，成立了「州臨時救濟署」，這些均較全美其他州先著一鞭，體現了羅斯福的變革精神。

而在奧爾巴尼（紐約州首府）時，他那個由哥倫比亞大學教授組成的智囊團，就已經對經濟政策問題提供了清晰的認識：經濟集中的趨勢無法遞轉，從而將自由市場轉變為「被大公司經營者控制」的市場。這種由私人控制的經濟生活是不可靠的，正是這種私人控制，造成了大蕭條。二〇年代經濟繁榮發展的收益，變成了企業主的利潤、存款和資本，這種收益本該透過向工人支付較高工資，和向農民支付更高價格來增強購買力。解決問題的唯一途徑，就是由政府進行有組織的規劃。這些認識，成了後來羅斯福「新政」的思想基礎。

「新政」的具體內容，部分已在羅斯福競選時就浮出水面。在接受提名演說中，他宣導實施森林重建計畫；在奧勒岡州的波特蘭市，他提出政府要對電力等公用事業進行調控；在匹茲堡的演講中，他認爲遇到公民饑餓和急需幫助時應該增加撥款；在多個場合，他勾畫了政府與企業合作的新秩序。此外如財政赤字、聯邦工程、提高富人稅負等也已成竹在胸，只是出於競選策略的原因未加渲染而已。

羅斯福的「新政」往往被史家分成兩個階段，分別冠以「第一次」和「第二次」。

「第一次新政」的主要立法，在一九三三年三月九日至六月十六日期間完成，時間爲九十九天，習慣上稱爲「百日新政」。這一階段的「新政」，側重於解決當務之急，即遏制經濟衰退，挽救業已崩潰的金融危機和瀕臨崩潰的農業危機，復興工業，消除失業和饑餓。其中主要的立法，有解決銀行危機及金融問題的《緊急銀行法》、《格拉斯——斯蒂高爾銀行法》以及《證券法》和《證券交易法》等，重建工農業平衡的《農業調整法》，政府與企業合作渡難關的《全國工業復興法》，幫助「經濟金字塔底層被遺忘者」的《聯邦緊急救濟法》、《緊急救濟撥款法》及相關的機構（如民間資源保護隊、公共工程局等）和工程（如安居工程、田納西河流域工程等）。

「第二次新政」時間在一九三五～一九三九年。這一階段的「新政」，注重具有長遠影響的立法。比如，一九三五年《銀行法》改變了聯邦儲備體系的組織和權力結構，使控制權從以華爾街爲代表的地區儲備銀行，回到了華盛頓的聯邦儲備體系理事會，從而確立了適應現代化經濟的現代銀行體系；《社會保障法》規定向雇主強制性徵收聯邦失業保險稅，聯邦向各州撥款幫助各州照顧弱勢群體，從而建立了較完備的福利制度；《財產稅法》規定提高財產稅，並將個人收入超額累進所得稅和公司純收入累進所得稅提高，建立了較爲公正的稅收制度；《瓦格納法》明確支持勞工的集體談判權，並規定了維護這種權益的各種措施，同時規定超黨派的勞工關係委員會爲處理勞資關係的最高機構，從而開創了一種新型的勞工、企業、政府間的關係。

羅斯福「新政」的歷史功績是毋庸贅言的，它絕不僅僅是把美國帶出了大蕭條，更在於把美國帶入了現代化，可以說，一個現代美國正是由此崛起的。

五

羅斯福從奧爾巴尼的州長官邸來到華盛頓白宮之後，面臨著遏制危機和推行「新政」的雙重使命，而這都要盡可能地獲得大眾的理解和支持。顯然，羅斯福是此一方面的老手，他有效地駕馭了各種溝通傳播工具，爲自己的使命凝聚了廣泛的同盟者和支持力量。在其執政的十二年裏，羅斯福共舉行過九百九十八次記者招待會，平均每週達兩次之多。而他利用「新媒體」——廣播所進行的「爐邊談話」，更成了迄今爲人津津樂道的凝聚民心的典範。

從某種角度來說，「爐邊談話」可以說是應時之舉。

羅斯福履任伊始所要面對的首先是銀行危機，而解決這一危機的根本途徑就是穩定人心，遏制乃至消除擠提擠兌風潮。借助法律手段，羅斯福讓已經關閉的銀行繼續休假，並一度延長休假，強制性地「中止」了擠提擠兌。但顯然這是權宜之計，根本的出路在於民眾自願放棄擠提擠兌，甚至是增加儲蓄。

上任四天後的三月八日，羅斯福舉行了有一百二十名記者參加的第一次記者招待會，在輕鬆的氣氛中，就銀行業的問題回答了記者的提問。此舉有助於政府與民眾的溝通，但畢竟要假手記者和報紙，接收者不夠廣泛，傳播有欠及時，甚至可能不那麼全面、準確，效果令人惴惴。

三月十三～十五日，經核准的聯儲成員銀行和非成員銀行就要相繼復業了，民眾是否還會像過去那樣排隊擠提銀行存款？顯然，這是一個未知數。但此時政府也並非全然無可作爲，穩定民心、提振信心就大有可爲。

於是，在銀行復業的前夜——三月十二日晚，羅斯福在白宮樓下的外賓接待室，接受了美國廣播公司、哥倫比亞廣播公司和共同廣播公司的採訪。羅斯福坐在壁爐旁邊，面前放著擴音器，場面有些像家常談話。就在講話之前，講稿卻不見了，但羅斯福泰然自若，拿起一份給記者準備的油印稿，熄滅了煙頭，轉向了擴音器，開門見山地說：「我想花幾分鐘時間同美國人民談談銀行的情況——」

接著，羅斯福以誠懇的態度、親切的聲調、質樸的語言，向美國民眾就銀行業的運作，進行了淺顯易懂的解釋，並勸民眾支持銀行業發揮作用，他向公眾保證，「把錢放在經過整頓、重新開業的銀行裏，要比放在被子下面更安全」。全國六千萬民眾收聽了這次談話，包括羅斯福廣場那位平民。

長期以來，人們以爲「爐邊談話」之名出自時任哥倫比亞廣播公司（CBS）高級新聞記者的羅伯特．特勞特（Robert Trout），據說他認爲羅斯福廣播講話的聲音，猶如起居室裏壁爐中熊熊燃燒的爐火劈啪有聲、鏗鏘有力。但吉姆．考克斯（Jim Cox）認爲，「爐邊談話」之名出於時任CBS下屬的WJSV電臺經理哈里．布徹（Harry C. Butcher）。當時布徹注意到外賓接待室裏有一壁爐，便提議給總統的廣播講話冠以「爐邊」，命名爲「爐邊談話」（Fireside Chat），理由是當國民打開收音機，聽到自己領袖的聲音，彷彿總統親臨己家，與其圍爐相坐、親切交談。這樣，特勞特每次作開場白的時候，就用「爐邊談話」來介紹總統的廣播講話。

第一次「爐邊談話」獲得了巨大成功，復業後的銀行依舊是長隊如龍，但不是提款，而是存款——把前些天提出的通貨和另外的積蓄存入銀行。這樣的收穫凸顯了這種家常式談話的價值，羅斯福自然不會放棄再次利用。

於是，五月七日，第二次「爐邊談話」同樣在週末進行。這一次，羅斯福是爲了推行其工業復興計畫，而爭取企業和勞工的支持，談話同樣獲得了成功。

此後，「爐邊談話」就成了必然之舉，每當美國面臨重大問題之時，羅斯福都要用他所鍾情的這種方式與美國人民溝通。同樣，美國人民也鍾情於此，每當他們鬱結和困惑之時，都希望聽到總統那親切、誠摯的聲音。

「爐邊談話」斷斷續續持續了十一年之多，幾乎與羅斯福十二年的任期相始終。從一九三三年三月十二日第一次談銀行問題，到一九四四年六月十二日談第五次戰爭籌款運動，長長短短共三十次。

就兩次危機而言，三十次談話幾乎平分秋色：大蕭條時期共十三次，二戰時期共十七次。從頻度來看，顯然以「百日新政」和對日宣戰為最，平均間隔不足兩月，此外，間隔時間時短時長。「百日新政」及隨後的一段時間，半年多談了四次，此後頻度就降了下來。值得注意的是，在一九三八年六月二十四日談各黨派的初選問題後，「爐邊談話」有長達十四個多月未再進行，直到一九三九年德國入侵波蘭後，才在九月三日簡短地談了談歐洲戰爭。不過，此後，「爐邊談話」頻度增高，幾乎每隔半年一次，珍珠港事件後，更是在不到半年裏談了三次。無疑，這種頻度與需要有關，也符合策略原則——新鮮而不疲勞。

六

僅僅把「爐邊談話」理解為與人民進行交流溝通的工具是不夠的。「爐邊談話」不僅是溝通民眾的長橋，也是政治鬥爭的利器，更是政策導向的指南。

第一次「爐邊談話」時，間不容髮，政府與國會之間沒機會爭吵。當時政府高喊的是：「行動！行動！」國會高喊的是：「表決！表決！」羅斯福提交國會兩院的《緊急銀行法》，幾個小時就表決通過，以至於有些議員表決前根本未曾仔細讀過法案。但這樣的一致並不常見，政府與國會、院外集團乃至最高法院的分歧與角力時而有之。這時，「爐邊談話」一方面是溝通民眾、勸導對手的工具；一方面也就成了對付那些堅持己見、冥頑不化的反對者的利器——爭取人民的理解與支持，給對手造成強大的壓力，使其放棄己見、屈從「新政」。這一點，在羅斯福與最高法院的鬥法中，表現得最爲突出。一九三七年三月九日那次談話，主要話題正是對司法機構改組的提議和鼓動。

第二次世界大戰在歐洲爆發之初，遠隔重洋的美國人覺得事不關己，大可安枕無憂。羅斯福同樣態度超然，不願意捲入戰爭。然而，保持中立的羅斯福卻不認爲戰爭並非與本國甚至本土無關。因此，他積極推動軍事生產，向歐洲反法西斯國家和力量提供武器及其他補給，支持他們在遠離美國的地方打贏戰爭。同時，他還主張積極備戰，以防哪一天法西斯的鐵蹄踏上本土。

在一九三九年九月三日就歐戰發表第一次談話後，在一九四〇年五月二十六日和十一月二十九日，羅斯福又兩次談論國防和國家安全，高瞻遠矚地把備戰觀點注入了人們的腦海。而一九四一年五月二日的談話（最長的一次「爐邊談話」），則宣佈全國進入無限期的緊急狀態，把備戰落實到政策措施的層面上。無疑的，這些「爐邊談話」的觀念和政策導向作用十分明顯。也正是這樣的深謀遠慮，使得美國具備了較爲厚實的戰備基礎，在戰爭降臨的時候能夠從容應對，並在盡可能短的時間內贏得勝利。

領袖需要具備果敢善斷的決策能力、迅捷堅韌的行動能力，更需要高瞻遠矚的謀劃能力和循循善誘的引導能力。可以肯定的是，羅斯福如果僅有臨陣磨槍般的「爐邊談話」，而沒有政策導向類的「爐邊談話」，他的形象會失去幾分丰采，而正是後者，才使其領袖形象閃現出熠熠光彩。

即使我們對羅斯福早四年、早八年執掌權杖美國就不會鬧出大蕭條的假設不置可否，但可以肯定的是，羅斯福的前任胡佛以及胡佛的前任柯立芝、哈定如果能夠高瞻遠矚、居安思危，不要沉醉於繁榮而高歌「美國的事業就是企業」，或者拘泥於體制而高擎自由放任之旗的話，美國的大蕭條確實可以減輕並儘早復甦。

遺憾的是，我們雖然總說歷史是一面鏡子，卻很少切實地拿它來觀照、鏡鑒，尤其是在繁榮昌盛、高歌猛進的時候。就這樣，在大蕭條七十多年之後，幾乎相似的一幕重新上演。同樣相似的是，我們像歷史上無數次重複的那樣，在事後拿起了鏡子；同樣遺憾的是，儘管照過了鏡子，我們依然難免像過去那樣繼續犯錯的衝動。

七

幾乎每一位羅斯福的傳記作家，都不捨得丟掉「爐邊談話」這一題材，相反的，對此他們幾乎是濃墨重彩。因爲，「爐邊談話」是羅斯福政治生涯中最出色的一個部分，是其思想、理念、能力、魅力最爲集中的體現，而且垂範後世，至今爲人所津津樂道和孜孜效法。

「爐邊談話」表現了羅斯福駕馭語言的高超能力。作爲一種「拉家常」式的溝通，「爐邊談話」平和、親切，邏輯中心突出卻又似隨興而談，口氣上如家人般傾心相向，用詞上盡可能簡單、平易，堪稱應用語言藝術的典範。

「爐邊談話」平和親切。談話選在了日常家庭聚談最常見的地方——壁爐前，雖然聽眾看不到畫面，但日常生活的積累，使他們可以想見總統談話時的情形。這幅民眾腦海中形成的畫面，與領導人物高居講壇宣讀講稿的情形大爲不同，一下子就拉近了雙方的距離。空間距離拉近的同時，同樣拉近的是心理距離，這自然使民眾感到總統的話語聲聲可親、字字入耳，也就甘於欣然接受。

在這個氛圍中，羅斯福不再是總統，而成爲民眾的家人或朋友，更是一位家中的長者或睿智的朋友，民眾信賴他，願意聽從他的勸說和指引。因此，在第一次「爐邊談話」的第二天，銀行剛剛開門營業，人們就紛紛前去，將家中的現金存入銀行，僅在紐約一天中的存款數，就比取款數多一千萬美元。

「爐邊談話」聲情並茂。進行「爐邊談話」時，爐邊聽「談」的只有記者和僚屬，並沒有普通民眾。但情景既然設定，羅斯福也就入情入景、聲情並茂，彷彿一大群普通民眾——產業工人，城市平民，農場主和佃農，企業雇主，中年漢子與年輕姑娘，老人和孩子，乃至孕婦……一位傳記作家寫道：「他有意識地使他的談話對象——人民——形象化。他忘記了擴音器，好像他的聽眾也會同他一起點頭、微笑，或者和他一起大笑起來。」

曾擔任羅斯福政府勞工部長且與總統過從甚密的珀金斯小姐，在她的著作中這樣寫道：羅斯福說話的時候，「時而點頭，時而雙手作出簡單、自然而輕鬆愉快的姿勢」。「他面帶微笑，容光煥發，好像他真的就坐在前廊，或者就同他們一起坐在起居室裏」。

「爐邊談話」深入淺出。「爐邊談話」面對的是廣大的普通民眾而非專業人士，而主題卻又是國內外形勢以及國家的大政方針，有些問題又有相當的專業性。要把事關國計而且不乏專業性的問題，對沒有專業背景的普通民眾講清楚，這是一個不小的挑戰。羅斯福顯然做到了，而且做得非常出色。比如，羅斯福在第一次「爐邊談話」中說的這段話——

首先，我要指出一個簡單的事實：你們把錢存進銀行，銀行並不是把它鎖在保險庫裏了事，而是用來透過各種不同的信貸方式進行投資，比如買公債、放貸款。換句話說，銀行讓你們的錢發揮作用，好使整個機構運轉起來。你們存入銀行的錢，只有很小一部分是以貨幣形式保存的，其數量在平時完全能夠滿足普通公民的現金需要。換句話說，國家所有貨幣的總量，僅僅是所有銀行全部存款中很小的一部分。

就是這不足兩百字的一段話，便把銀行業的運作機制解釋得清清楚楚。因此有人說，羅斯福短短的一兩百字，就是一堂出色的金融課。

談話並不是可以不講技巧，相反，它對技巧的要求似乎更高。羅斯福的「爐邊談話」就體現了極高的語言技巧——仍以第一次談話爲例：用親切的稱謂（「我的朋友」、「我們」）把聽眾拉到爐邊來；用各種技巧做好起承轉合、引起聽眾興趣（「你們會問」、「請讓我講清楚」等）；用各種手段使自己講清楚、聽眾聽明白（如「換句話說」等）。這樣的技巧以及大量修辭手法的運用，在「爐邊談話」中隨處可見。

細細品讀羅斯福的「爐邊談話」，我們必然會驚服於其爐火純青的語言技巧，也會不時擊節稱賞或會心微笑。

八

羅斯福「爐邊談話」的語言技巧值得細緻體味、悉心效仿，而他的熱情、樂觀、隨和、親民等領袖魅力，更應該深長體味、傾心效法——不是要成爲另一個羅斯福，而是要把人民裝在心坎裏，把各種社會力量凝聚到正面建設、扭轉危機，乃至引領經濟社會良好發展的神聖使命上來。

歷史學家給我們留下了許多關於羅斯福領袖魅力的眞實寫照——

說。

「你要我做什麼事我都會做，你就是我們的領袖。」愛荷華州的一位眾議員寫信給羅斯福

「和總統在一起待一個小時以後，叫我把釘子當飯吃，我都吃得下去！」一位平日頗爲冷靜的機關負責人，對他的朋友驚歎道。

「我同富蘭克林．羅斯福很接近，就像他的跟班一樣。他在我心目中至今仍是英雄。」羅斯福政府的一位要員臨終前說。

「總統是個好夥伴——他非常聰明、機智，進能攻，退能守。他有廣泛的興趣，而且非常富有人情味。」羅斯福政府另一位性格執拗粗暴的成員哈樂德．伊克斯說。

羅斯福的領袖魅力源自何處？

領袖魅力源自羅斯福的樂觀、自信。

對此，我們無需贅述，只舉一例佐證：一九三三年初就任總統後不久，羅斯福去拜訪九十二歲高齡的最高法院退休法官奧利弗．文戴爾．霍姆斯。霍姆斯的法官職位，是羅斯福的「特德叔叔」（希歐多爾．羅斯福）任命的，他對富蘭克林．羅斯福的印象一直是：是個好人，但有點文弱。然而，此次羅斯福拜訪離開後，這位偉大的法學家在書房裏陷入了沉思。在座的朋友不解其意，老人望了望羅斯福剛剛走出去的那扇門，脫口說道：「智力二流，但性格卻是一流！」

領袖魅力源自羅斯福的坦誠、謙遜。「爐邊談話」正是羅斯福坦誠對待人民的一種方式——

他把國情、政策以及自己的想法和打算，向民眾和盤托出，就如同對自己的家人或摯友。他從不掩飾自己的觀點，同樣也毫不矯飾自己的謙遜。在第三次「爐邊談話」時，他說：「我不否認我們在做法上可能犯下錯誤。我並不指望打出去的球每次都能命中。」他引用希歐多爾．羅斯福的話說，如果正確率能達到75%，他就會十分高興。

領袖魅力源自羅斯福的操守與胸襟。羅斯福胸襟廣闊，極具包容心。他的政府官員有著各種各樣的背景，他的座上客有著各色人等。他很少黨派的門戶之見，也十分鄙視路線說教。在聯合各種社會力量共度危機方面，羅斯福顯示出極為卓越的協調能力，各種力量都被他凝聚到身邊，形成了空前絕後的「羅斯福大聯合」。傳記作家中不乏稱羅斯福為「代理人」或「經紀人」的，尤其是在其執政的早期。這樣的冠稱，生動揭示了羅斯福的施政理念和協調藝術。

羅斯福認為，危機當頭，總統的角色就是要在許多分歧因素中，找出對整個國家最有利的一致目標，並透過各種手段，把各種力量調集在同一目標上來。不過，對於原則目標，羅斯福操守堅定，從不鬆懈、從不妥協。對此，大洋彼岸那個似乎對誰都不喜歡的人——阿道夫．希特勒，也在一九三三年說：「我同情羅斯福總統，因為他越過國會、越過院外集團、越過頑固的官僚主義者，直接走向自己的目標。」

領袖魅力更源自羅斯福的親民，特別是對弱勢群體——「經濟金字塔底層被遺忘的人」——的關注。還在競選時，羅斯福一九三二年十月十九日就在匹茲堡說：「假如我們的公民中，有人陷入饑餓或極度貧困，因而有必要增加撥款，以至預算失衡，我也將毫不遲疑地把全部實情告訴美國人民，並請求他們允許我得到那筆增撥款項。」

一九三三年三月二十一日，羅斯福致國會諮文，提議成立聯邦救濟機構。五月十二日法案通過，聯邦緊急救濟署成立。羅斯福任命出身貧寒、長期從事福利工作的哈里·霍普金斯擔任該署署長。霍普金斯立下誓言，「要做到誰也不挨餓」，當一位助手呈交一份「總有一天會成功」的救濟計畫時，他說：「人民不是『總有一天』才吃飯，他們天天都得吃！」羅斯福對霍普金斯的任命，體現了他的識人之明，也體現了他自己的情感理念。

羅斯福十分注重收集民情，這靠他的智囊，靠他的妻子，更靠他自己。第一夫人埃莉諾是羅斯福瞭解民情的一個有效管道。他教妻子如何體察民情：「要觀察人們的臉色，要看一下晾衣繩上掛著的衣服……注意他們的汽車。」夫人一回到家，他就仔細地問長問短——民眾吃什麼，住得怎樣，房子如何，有些什麼教育設施。

羅斯福自己後來也經常出去巡視。有一次在巡視西部後，他對某個委員會的人們，談及一九三二年和一九三四年人們臉上神情的變化時，說：「你站在車後看人群，就能看出差別來。他們是有希望的人民。他們的勇氣都寫在臉上。他們非常愉快。他們知道面臨極大的困難，但他們正在弄清情況……」由此可見，他對民情是多麼體察入微，對民眾是多麼充滿感情。

與此相對，對那些罔顧民生、只圖自身利益的人，羅斯福卻毫不留情地給予駁斥。

一九三四年八月，一個叫美國自由聯盟的組織成立，其著名成員有工業家、汽車製造商、石油資本家等，也有一些知名民主黨人，宗旨是「教育人們認識尊重人權和財產的必要性」。

對此，羅斯福不無譏諷地說：這個聯盟指出了兩條戒律——「保護財產的必要性和保護利潤的必要性」；他們相信兩件事——「熱愛上帝，然後忘記鄰居」。接著，他嚴正指出：「這裏說的兩種事，都沒有提到社會應當關心那些願意工作而又無事可做的人。讓人民免於挨餓，有房子住，生活過得不錯，子女享受教育，這些是政府關心的事情。除此之外，保護個人的生命和自由，不受社會上那些企圖以犧牲他人利益而獲取榮華富貴的人們之害，這也是政府義不容辭的責任。」這些話可謂立場鮮明，擲地作金石聲！

羅斯福受到美國民眾的擁戴是空前的。

傳記作家這樣寫道：「芝加哥的一名焊工，亞特蘭大的一位家庭主婦，西部小城的一個加油站老闆，都曾熱情地寫信給總統，向他傾訴自己的希望、憂慮和困難。」就是那些身爲領導者的人，也願意請羅斯福給予指點，「商人、雇主、銀行家、農場主、勞工領袖、報紙編輯，他們離開白宮時，沒有一個不是深受感動，輕鬆愉快」。

一位羅斯福政府的要員曾看到，民眾蜂擁著圍住羅斯福的汽車，對他唱歌，與他同聲歡笑，並說自己「從未見過像他這樣受人愛戴的人」。原因何在？一位美國農場聯合會的負責人寫給羅斯福的信，道出了個中秘密：「你捍衛人民的權利！」

目錄 CONTENTS

爐邊談話

1

談銀行危機

一九三三年三月十二日，星期日

在羅斯福就任總統之前，大蕭條已經持續相當長一段時間，羅斯福對抗蕭條的「新政」也已醞釀成熟。但進入一九三三年以來，銀行危機來勢兇猛，因此，羅斯福履職之初即著手處理銀行危機。在三月十三日銀行恢復營業的前夜，羅斯福作廣播講話，向國民解釋了有關銀行的運作以及大眾、企業和銀行的關係，勸導大家讓自己的錢在銀行裏發揮作用，並保證這比放在褥子下面更安全。全美有六千萬人收聽了這次講話，由此化解了人們長期鬱結在心中的疑慮與不滿。第二天，部分銀行回復營業，許多人在銀行前排起長龍，把不久前同樣排著長龍提兌的貨幣或黃金存入銀行。幾天裏，銀行回收了三億美元的黃金和黃金兌換券。一周後，四分之三的銀行恢復了營業，交易所重新響起了鑼聲。

朋友們：

我要花幾分鐘時間，和國內的人談談銀行業。只有很少一部分人瞭解銀行的運轉機制，絕大多數人則把銀行當做存款和取款的地方。我要告訴大家過去這些天我們都做了什麼，爲什麼要做這些事情，以及我們的下一步計畫是什麼。

我承認，國會山莊和華盛頓發出的許多公告、立法、財政部法規等等，大部分內容都是用銀

行業和法律術語表述的，爲了普通公民的利益，應當加以解釋。我對此要特別表示感謝，因爲每個人都堅定而心平氣和地接受了銀行休假造成的不便和困難。我知道，當大家理解了我們在華盛頓所做的一切後，我將會得到大家的全力合作，如同你們在過去的這周給予我們的同情和幫助一樣。

首先，我要指出一個簡單的事實，你們把錢存進銀行，銀行並不是把它鎖在保險庫裏了事，而是用來透過各種不同的信貸方式進行投資的，比如買公債、放貸款。換句話說，銀行讓你們的錢發揮作用，好使整個機構轉動起來。你們存入銀行的錢，只有很小一部分是以貨幣形式保存的，其數量在平時完全能夠滿足普通公民的現金需要。換句話說，國家所有貨幣的總量，僅僅是所有銀行全部存款中很小的一部分。

那麼，二月末、三月初的這些日子裏發生了什麼事情呢①？由於公眾的信心下降，很多人衝進銀行，將銀行的存款兌換成現金或黃金②。取款的人非常之多，以至於最可靠的銀行也不能獲得足夠的現金以滿足需要。當然，其中的原因是，在人們一時衝動的時刻，不可能出售銀行的健康資產，除非將這些資產以遠低於其眞實價值的恐慌價格變成現金。

到三月三日下午時，也就是一周前的星期五下午，美國幾乎所有銀行都關門歇業了③。差不多所有州的州長，都發佈了暫時完全或部分關閉這些銀行的公告。

正是那時候，我發佈了公告，規定全國的銀行休假④。這也是聯邦政府爲重建我們的金融與經濟大廈所採取的第一步。

第二步是國會迅速而充滿愛國心地通過立法⑤，確認了我的公告，並擴大了我的權力，以便聯邦政府根據需要延長假期和逐漸解除假期。該項法律還授權制定一項復原我們銀行業務的計畫。我要對全國各地的公民們說的是，國會，包括共和黨人和民主黨人，通過此次行動表明：他們熱衷公共事業，認識到我國正處於非常時刻，必須快速採取行動。這在我國的歷史上是罕見的。

第三步是通過了一系列法規，准許各家銀行繼續履行其職能，負責分發食品和生活必需品，並支付工資。

這次銀行休假，儘管在許多方面造成諸多不便，但是給我們提供了供應足夠多的現金、以應對這種形勢的機會。各家銀行上星期一關門放假時，幾乎都是一貧如洗。任何一家銀行都沒做好立即開業的準備。新法律允許十二家聯邦儲備銀行⑥以優質資產作爲基礎發行更多的貨幣。這樣，重新開業的銀行就能夠滿足所有合理要求。雕版印刷局正在全國各地大量發行新貨幣。這是健康的貨幣，因爲它有眞實而優質的資產做後盾。

大家會問的一個問題是：爲什麼所有的銀行沒有同時重新開張營業呢？答案很簡單，你們的聯邦政府不想讓過去幾年的歷史重演。我們不想要，也將不會看到另外一次銀行倒閉大流行了。

因此，我們明天，也就是從星期一開始，十二個聯邦儲備銀行所在城市的各家銀行將開門營業。這些銀行在財政部首輪審查中顯示狀態良好。緊接著，在星期二，確保可靠的銀行將在擁有經過驗證的票據交易所各城市恢復其全部功能。這意味著美國約兩百五十個城市位列其中。

星期三及隨後幾天，全國較小地方的銀行也將重新開始營業，當然，具體時間依聯邦政府完成其調查的物力而定。銀行重新開業的時間，有必要延長一個時期，以便准許這些銀行申請必需的貸款，獲得滿足其要求的貨幣，並使聯邦政府能夠進行常規審查。

大家要清楚，如果你們的銀行在第一天沒有開業，那麼，大家絕不能認爲這家銀行將不會開業了。在後續時間內任何一天開業的銀行，其地位與明天開業的銀行完全一樣。

我知道，許多人擔心的是各州銀行，而不是聯邦儲備體系成員銀行的狀況。這些銀行能夠並將獲得成員銀行復興金融公司⑦的幫助。這些銀行的運作方式和國家銀行一樣，只是它們將從州的權力部門獲得他們的重新營業許可證。財政部長已要求這些權力部門批准其優秀銀行，按著和國家銀行同樣的時間表開始營業。我相信，州銀行營業管理處在制定有關銀行開業的政策時，將和聯邦政府一樣謹慎小心，並將遵循同樣的基本政策。

這些銀行重新開始營業時，一小部分還沒有從恐懼中恢復過來的人，有可能再次開始撤資。我希望大家清楚地知道，各銀行將滿足所有需要。我相信，過去那一周發生的囤積現金行爲，已經變得非常不合時宜了。不需要預言大師來告訴大家，當人們發現可以獲得他們的錢時——任何時間只要目的合法都可得到——恐懼的陰影將很快蹤跡全無。人們又將樂呵呵地，將他們的錢存放在得到妥善保管、並能夠隨時方便地使用的地方。我可以向大家保證，把錢放在經過整頓、重新開業的銀行裏，要比放在棉被下面更安全。

當然，我們這個偉大計畫的成功，依賴於公眾的合作——依賴其智力支持和使用這個可靠的系統。

大家要記住，新法律確實完成的標誌，是使銀行有可能比以前更願意將其資產兌換成現金。我們已經制定了更寬鬆的規定，允許銀行將這些優質資產放在各儲備銀行以拆借資金；同時還制定了更寬鬆的規定，以這些優質資產的有價證券作爲基礎發行更多貨幣。這種貨幣不是法定貨幣，只有有價證券充足時方可發行此種貨幣，而每家健康的銀行都擁有大量此種有價證券。

在結束談話前還有要說明一點，當然會有些銀行因沒有進行改組不能重新開業。新法律准許聯邦政府幫助進行迅速有效的改組工作，甚至准許其提前注入至少一部分新的必要資金。

通過對聯邦政府正在做的事情進行基本回顧，我希望大家看到，在此過程中沒有聯合性、或激進主義的事情發生。

我們的銀行形勢很糟糕。有些銀行在管理大家的存款時，表現得不稱職或者不誠實。他們把這些委託給其經營的錢，用於投機活動和輕率的貸款。當然，絕大多數銀行並不是這麼幹的，但是確實有不少銀行在從事此類活動，其數目之多，足以將人們震驚得一時產生了不安全感，並形成了一種思維定勢，認爲天下烏鴉一般黑。聯邦政府的工作是糾正此類誤解，並且會儘快去做。

這項工作正在完成之中。

我沒有向大家承諾說所有銀行都會重新開業，或者每個人都不會遭受損失。然而，損失可能將是不可避免的。如果我們繼續採取觀望態度的話，損失有可能更多、更大。我甚至答應大家至少對一些壓力非常大的銀行實施救助。我們不僅僅要讓可靠的銀行重新開業，而且還將通過重組創辦一些可靠的銀行。

全國各地寄來的滿懷信心的信件，令我振奮不已。我對大家給予我的衷心支持，表示最誠摯的謝意！感謝大家服從命令、聽從指揮，儘管你們似乎對我們的整個程序還不是很清楚。

畢竟，在我們對金融體系進行重新調整的過程，有一個因素比貨幣和黃金還重要，那就是人們的信心。信心和勇氣是成功地完成我們計畫的必備條件。

你們大家一定要有信念；大家一定不要被各種流言蜚語和胡亂猜測嚇破了膽。讓我們大家團結起來消除恐懼！我們已經建立了恢復金融系統的機制；支持這種機制，並讓它運轉起來就是大家的責任了。

這是我們大家共同的問題，我們絕對不能認輸！

注釋：

①實際上，銀行業危機在一九三二年晚期即已開始，內華達州和愛荷華州最先發生恐慌，銀

行無法應付席捲而來的擠提擠兌風潮，被迫宣佈停業。

②由於擔心紙幣貶值，人們紛紛將紙幣兌換成黃金，或囤積於國內，或轉匯到國外，致使國家黃金儲備大幅減少。

③繼內華達、愛荷華州以後，一九三三年二月十四日，密西根州州長宣佈全州三百五十家銀行「放假」八天，此後各州跟進，到三月三日紐約州和伊利諾州——包括全國金融心臟——紐約和芝加哥的所有銀行，全部停止付款。

④一九三三年三月五日，羅斯福援引一九一七年十月六日授權總統控制銀行和通貨的《與敵通商法》，宣佈三月六至九日全國銀行一律休假四天，禁止銀行支付黃金和從事外匯交易。

⑤這裏的新法律，指本次「爐邊談話」的主題之一《緊急銀行法》。一九三三年三月四日晚，羅斯福命令財政部長威廉·伍丁在五天內制定出該法案；三月五日要求國會在三月九日召開特別會議討論通過。當天，眾院議長宣讀了一分鐘前還在用鉛筆修改的法案草稿，然後僅經過三十八分鐘辯論，就一致歡呼通過。參議院經過一番辯論，於當晚七時三十分以絕對多數通過法案。一小時後法案到達白宮，羅斯福立即簽署。

該法案共五部分：

第一部分，正式確認總統的銀行休假命令；修改了一九一七年《與敵通商法》，授權總統在緊急狀態下，可以限制或禁止一切銀行機構的存款支付；除非得到總統批准和財政部長認可，聯儲體系成員銀行不得從事一切銀行業務；禁止黃金囤積和黃金輸出。

第二部分，對依據現行法律本該破產或接受破產管理的數千家國民銀行（即經聯邦註冊的私人商業銀行），進行整頓和重組。

第三部分，規定聯邦註冊銀行與信託公司，可向公眾和復興金融公司發行優先股。

第四部分，為解決銀行貨幣短缺問題，規定聯邦儲備銀行向某些地區的銀行，緊急發行聯儲紙幣，各銀行必須以相當面值的國債券作為擔保；此外，還採取對合格的商業票據和銀行承兌票據進行貼現的辦法，向各銀行供給聯儲紙幣。

第五部分，規定撥款兩百萬美元作為實施該法的經費。

⑥指聯邦儲備體系分佈在全美各地的十二家政策性銀行，其職權包括控制貨幣供應及監管成員銀行。這十二家銀行總部分別設在波士頓、紐約、費城、克利夫蘭、聖路易斯、三藩市、利治文、亞特蘭大、芝加哥、明尼亞波里、堪薩斯、達拉斯。

⑦復興金融公司（Reconstruction Finance Corporation）是為應對經濟危機而成立的政府金融服務機構。胡佛於一九三二年成立該公司，向大銀行、大企業、大農場提供貸款，並允許其向各州發放貸款。一九三三年三月，羅斯福頒佈「新政」，其中一條重要措施，便是由復興金融公司發放三十億美元貸款，以提高銀行信用。

2 簡述「新政」規劃

——一九三三年五月七日，星期日

在履職八周後，羅斯福再次對全國公眾發表廣播講話。此時，他已經認可了這種與民眾溝通方式的作用。該方式已經被命名為「爐邊談話」。此次談話簡述「新政」的有關計畫——正在做的事情和準備做的事情，主要是國內事務，但也談到了國際事務。篇中談到了以總統為首的政府與國會的關係，肯定了國會的合作，同時否認政府有任何舉措違反憲政原則。更為突出的是，羅斯福讚揚人民經受危機洗禮的頑強精神，並表示因民眾的支持而深受鼓舞。

在我就任總統一周後的那個周日晚上，我透過收音機和大家談到了這場銀行危機，以及我們爲應對這場危機正在採取的措施。我想藉助這樣的方式，向全國民眾闡明本來有可能被誤解的各種事實，並大致找到一種方法來理解哪些措施更加有利於恢復信心。

八周後的這個夜晚，我再次來此向各位彙報我們的工作情況：用同樣的精神和方式，和大家談談我們正在做的事情和準備做的事情。

兩個月前，我們正面臨著嚴重的問題。我們的國家離滅亡近在咫尺，因爲商業和貿易活動已經下降到危險的低水準；基本日用品的價格，低得已經危及到銀行、保險公司和其他國家機構的資產價值。這些機構由於自身的迫切需要，正在取消抵押貸款，收回貸款，拒絕放貸。這樣一來，數百萬民眾的財產，實際上正遭受著破壞，因爲他們曾經以這些財產的美元價格做抵押借款，但目前美元的價值與一九三三年三月的水準相比，已經發生重大的變化。任何複雜的經濟萬能靈藥或富有想像力的計畫，對於那場危機中的情形都無濟於事。我們所面對的是一場危機，而不是一種理論。

現在只有兩種選擇：一是任由喪失抵押品回收權的情形繼續下去、緊縮信貸、錢繼續消失，從而迫使銀行、鐵路和保險公司進行清算和破產，並對所有商業和資產的資本按較低的水準進行重新調整。這樣的選擇意味著一種被大致稱爲「通貨膨脹」的情形延續下去，其最終結果將會是，由於失業加劇、工資水準進一步降低，所有的財產擁有者以及所有靠工資爲生的人，將面臨前所未有的困難。

我們很容易地看到，這種情形的結果，將不僅僅體現在經濟層面，其社會後果必將是無法估量的。甚至我在就職前就認爲，這樣的政策是美國人民所無法承受的。這樣的政策不僅意味著更多的家庭、農場、銀行存款和工資將遭受損失，精神價值也將遭受損失，這種損失包括我們對現在和將來失去了安全感，而這種安全感恰恰是維繫個人和家庭平穩幸福所必需的。一旦你破壞了這些東西，你就會發現將來樹立任何形式的信心，都變得非常艱難。

顯然，簡單地依靠我國政府來恢復信心，簡單地靠借給那些搖搖欲墜的機構更多的錢，並不能遏制目前的下滑趨勢。對我來說，盡可能迅速地實施一項應急計畫，對於我們的國家安全來講，似乎不但是合乎情理的，也是勢在必行的。國會，包括兩大政黨的成員，完全理解這種形勢，並給了我慷慨和充滿智慧的支持。國會的議員們意識到，平時所使用的方法，不得不由非常時期所採取的措施來取代，這些措施順應了當前嚴峻而迫切的需要。事實上，國會並沒有投降，它仍然掌握著憲法所賦予的權力。任何人都沒有絲毫的念頭去改變這個權力的平衡局面。國會的職能是決定必須做什麼，並選擇合適的機構來實現其意願。它一直嚴格地堅持著這一政策。

唯一發生的事情，是國會授權總統作爲執行國會意願的機構。這不但合乎憲法，而且與美國過去的傳統相一致。

已獲通過或正在執行中的立法，可以恰當地理解爲該項依據充分的計畫的組成部分。

首先，我們將爲一百萬失業人口中的二十五萬人，特別是那些無所依靠的年輕人創造就業機會，派他們投身到林業和防洪工作當中去。這個任務很重大，因爲這意味著我們要爲相當於常規軍隊人數兩倍的人員，提供衣食起居。

在組建民間資源保護隊①的過程中，我們採取了一石二鳥的策略：既明顯增加了國家資源的價值，又可緩解目前人們的貧困狀況。這些人將本著完全自願的原則投入工作，不涉及軍事訓練。我們既要保護自然資源，又要保護我們的人力資源。這項工作的重大價值之一是它便於實行，幾乎不需要設計新的機構。

第二，我已請求國會務必通過一項議案，來使得位於馬瑟爾肖斯②的巨額國家財產在數年閒置後運營起來，與此相對應的，將是一項改善田納西河流域廣大地區狀況的宏大計畫③。該計畫將使成千上萬人生活得更加安康幸福，並將惠及整個國家。

第三，國會將通過法律，盡量緩解我國農民和所有人在分期付款方面所承受的壓力，減輕數百萬人所承受的沉重債務負擔。

我們的下一步直接救濟計畫④將是：同意撥款五億美元，幫助各州、縣和市政府切實履行其職責，照顧好那些需要直接和緊急救助的人們。

國會也通過了法律⑤，授權給那些希望銷售啤酒的州進行啤酒銷售。這已大大增加了再就業的人數，並增加了急需的稅收。

我們正計畫要求國會通過法律，允許聯邦政府實施公共工程，並藉此直接或間接地刺激眾多經過深思熟慮之專案的就業規模。

國會還通過了深入涉及我們經濟問題的立法。《農業調整法》⑥將尋求使用一種或數種方法，來增加農民主要農產品的收入，同時防止在此期間發生災難性的生產過剩。這種情況在過去經常導致日用品價格嚴重低於合理收入水準。這項措施給緊急事件的處理，提供了廣泛的權力。其使用的程度，完全取決於將來的情形。

同樣，我們將採取經過慎重考慮且保守性的措施，以使我國的產業工人獲得更公平的工資收入，防止惡性競爭和超長的勞動時間，同時鼓勵所有企業防止生產過剩。

我們的鐵路法案⑦也是出於同樣的目的，它鼓勵鐵路本身制定明確的規劃，在聯邦政府的幫助下，減少重複建設和浪費。這將使鐵路進入破產管理程序，自負盈虧。

我堅信，我國民眾理解並認同新政府在農業、工業和交通政策的各種目標。我們不知不覺地發現，我們生產了太多的農產品，以至於我們自己都消費不了；我們擁有太多的產品剩餘，要不是以過低的價格出售，其他人根本沒有錢來購買我們的產品。我們還發現，我們的工廠能夠生產超出我們消費能力的產品，同時我們卻面臨著出口需求下降的尷尬局面。

我們也發現我國運輸商品和農作物的能力，超出了商品和農作物本身的數量。所有的這一切問題，很大程度上源於缺乏規劃，並完全沒有注意到世界大戰結束後就一直顯現的危險信號。我們國家的人民受到錯誤的鼓舞，他們相信能夠無限地增加農場和工廠的產出，而某些魔術大師也能夠找到方式和方法來消費掉這部分增加的產出，並使生產者獲得不錯的收益。

今天，我們有理由相信，事情比兩個月前略好一些。工業企業已經運轉起來，鐵路也在運載更多的貨物，農產品價格更高了。但是，我還不準備做出過分狂熱的保證。我們不能大肆宣揚自己已經重歸繁榮，任何時候我對我們的人民都會老老實實，我不想讓國民在新的投機浪潮中斷送掉好不容易取得的進步。我不想讓人民由於盲目樂觀而去相信，我們能夠像過去一樣增加農作物和工業品的產量，認爲某個好心的國度，能找到願出高價來購買我們產品的買家。那種邏輯或許能夠給我們帶來即時的虛假繁榮，但這是一種會把我們帶到深淵的繁榮。

將我們已經採取的措施，稱爲政府對農業、工業和交通運輸業的控制是完全錯誤的。這更像是聯邦政府和農業、工業以及交通運輸業的合作。這並非是利益上的合作，因爲這些利益仍將惠及我們的公民，且在規劃方面的合作，共同致力於這些計畫的落實。

讓我們用一個例子來詳細說明這個問題。

以棉製品業爲例，事實可能是，90％的棉花生產商會同意取消最低工資，停止延長工時，停止雇用童工，同意防止生產過剩。但是，如果另外那10％的棉花生產商支付最低工資，延長勞動時間，在工廠中雇用童工，並生產出我們無法承受的多餘產品，那麼此項協定的好處安在？這不公平的10％會生產出廉價的產品，並足以迫使那90％的人去應對這種不公平的環境，這就是聯邦政府所要介入的地方。

在通過測算、並爲工業企業制定了規劃後，聯邦政府應當擁有並終將獲得這樣的權力，在絕大多數工業企業的協助下，依據聯邦政府的授權，來實施這項協議。所謂的反托拉斯法的目的，就是要防止壟斷的產生，防止那些壟斷企業獲得超額利潤。反托拉斯法的這一目標必須繼續下去，但這些法律從來沒有要鼓勵此類不正當競爭的發生。這類競爭導致了延長工時、低工資和生產過剩現象的出現。

同樣的原則，也適用於農產品生產企業和交通運輸業，以及所有其他有組織的私有企業各個領域。

我們正朝著明確的目標工作著。這個目標是，防止那種幾乎破壞掉了我們所稱爲現代文明的事情再次發生，眞正實現我們的目標尚需時日。我們的政策完全服務於一百五十年前美國憲法政府設立的目標。

我知道，我們國家的人民將會理解這些，並也將理解我們實施此項政策的決心。我並不否認，在我們實施這種措施的時候，可能會犯程序性錯誤。我並不奢望每次都會成功。我所追求的是，爲我本人和我的團隊，獲取最大可能的平均命中率。希歐多爾・羅斯福⑧曾經對我說過，「如果能夠達到75%的正確，那我將盡我最大的努力去爭取。」

最近，我們已經就聯邦政府的金融與通貨膨脹和金價標準等問題談了很多⑨。讓我來把事實闡述得更加簡明，把我們的政策談得更加透徹些吧。

首先，政府信譽和政府通貨實質上是一碼事。面對政府公債，人們只相信一項承諾。而對於我們持有的政府通貨來說，除了履行承諾外，我們還要保有黃金和一定數量的白銀。在這種關聯方面，我們需要記住這樣的事實：過去，聯邦政府已經同意用黃金贖回近三百億美元的債務和通貨，同時美國的私營公司也同意用黃金贖回另外六百到七百億美元的有價證券和抵押。聯邦政府和私有公司在做出這樣的協議時，非常清楚地知道，在美國持有的所有黃金總和，也不過在三十到四十億美元之間，而全世界的黃金總量也只有約一百一十億美元。

一旦這些債券持有者開始要求兌換黃金，那麼數天內，先來的人將得到黃金，他們的總人數將只占到所有有價證券和通貨持有者總數的二十五分之一。二十五人中的另外二十四人由於碰巧沒能占得先機，將被禮貌地告知，沒有多餘的黃金了。我們已經決定用同樣的方式，本著正義的原則，從聯邦政府憲法權力的立場出發，去對待所有這二十五人。我們會一視同仁，以此來維護大眾的利益不受侵害。

然而，除了黃金，在一定程度上還有白銀，都是完美無缺的通貨基礎。這也就是我決定現在不允許美國持有的任何黃金外流的原因⑩。

三周前出現一連串情況，很可能意味著：一，外國將耗盡美國的黃金；二，作為上述情況的結果，美國資本價值將飛漲，並以黃金的形式流出美國。告訴各位下面的事實，並非要誇大其可能性：此類流通將很可能耗光我們的大部分黃金儲備，並進一步削弱我們聯邦政府和私營企業的信譽，直至造成恐慌，使美國的產業車輪完全停止運轉。

美國聯邦政府的目標很明確，就是要提高日用品的價格，直到那些曾經借貸的人能夠以當初他們所借出的美元來償還這筆錢。我們並不希望看到，這些人所獲得的美元貶值得太厲害，以致他們須用比當初更多的錢來償還欠款。換句話說，我們希望糾正一個錯誤，而不是要在相反的方向創造另一個錯誤。這就是將權力給予聯邦政府，使其在必要時擴大信用，以糾正現存錯誤的原因。聯邦政府將在必要時，為達到目標而行使這些權力。

與我們首要考慮的國內形勢密切相關的，當然是世界局勢。我要向大家強調的是，國內形勢與世界其他國家的形勢，不可避免且深深地聯繫在一起。也就是說，雖然我們能夠盡最大可能實現美國的重新繁榮，但如果離開了全世界的重新繁榮，美國的繁榮也是不能長久的。

在我們曾經和正在舉行的和外國領導人的各種會議上，我們都在追求實現四個主要目標：一，進行普遍裁軍，並藉此消除對侵略和武裝對抗的恐懼；同時裁減軍費，以幫助平衡聯邦政府預算和減稅。二，消除貿易壁壘，以重啟國家間農產品和工業品的流動。三，建立穩定的貨幣，以便推進貿易發展。四，和所有國家重新建立友好關係，並樹立更大的信心。

過去三周以來，我們的外賓對這些目標做出了積極回應。所有國家在此次大蕭條中，都經受了同樣的遭遇。他們都達成了這樣的共識：所有國家的共同行動，將有助於每個國家。正是本著這種精神，我們的外賓會見了我們，並討論了我們共同關心的問題。

即將召開的國際會議⑪一定會成功的，世界的未來需要它，我們每個人都保證盡我們所能來實現其目標。

對你們，我的美國同胞們來說，我們所有人，國會的所有議員們，聯邦政府的所有工作人員們，都抱有一顆深深的感恩之心。經過大危機的洗禮，你們變得有耐心了。你們賦予我們廣泛的權力；你們贊同我們涉及範圍廣泛的計畫，我們深受鼓舞。我們將盡最大努力，動用一切可用資源，絕不辜負各位的信任。我們有理由相信，我們已經開了一個明智的開端。在當前的相互信任和相互鼓勵的推動下，我們將勇往直前。

注釋：

①民間資源保護隊（Civilian Conservation Corps，CCC）也譯作「民間自然資源保護隊」。鑒於美國平原地區土地過度放牧、過度開墾和山區森林過度砍伐，以及大量青年失業流浪的情況，羅斯福於一九三三年三月二日致國會的諮文中，提出組織平民墾殖隊的計畫。三月三十一日國會通過《民間自然資源保護隊重造森林救濟法》，羅斯福簽署後，民間資源保護隊建立。該隊成就卓著，既保護了自然資源，也為兩百五十萬青年創造了臨時就業機會，培養了一支訓練有素的勞動者隊伍。

②瑪瑟爾肖斯（Muscle Shoals）為阿拉巴馬州的地名，田納西河流經此地，形成綿延四十公里、約四十多米高的水流落差，水利資源豐富。一戰時，伍德羅·威爾遜總統曾選定在此建立生產炸藥和肥料的硝酸鹽基地，並擬建水壩和水力發電廠，但因各州利益爭執而一直停頓。

③田納西流域覆蓋美國南部七個州，原本森林茂密、土地肥沃。後由於大肆砍伐，導致森林枯竭、水土流失，該地區陷入貧困，居民收入不及全國一半。一九三三年四月十日，羅斯福向國會提出田納西河流域管理局法案，並於五月十八日簽署。該法案旨在治理洪水、重造森林和保持水土，使該地區成為生產化肥或提供電力的基地，同時試圖建立一個既有政府權力又具私人企業

靈活性和創造力的公司，從而綜合開發這一流域的資源，提高該地區人民的生活水準。羅斯福的計畫，實際上將該地區當成了一個上述目標的巨大實驗區。

④這個救助計畫就是後來通過的《聯邦緊急救濟法》，它規定建立聯邦緊急救濟署，該署管理五億美元資金，作為對各州的救濟撥款。

⑤這裏的法律指啤酒法案。此前美國的禁酒法案禁止酒類產品製售。為增加稅收，羅斯福政府提出修改原法案，使啤酒及低度酒的生產和銷售合法化。一九三三年三月十六日，國會通過了啤酒法案，羅斯福隨即簽署。

⑥《農業調整法》（The Farm Relief Bill），也譯《農場救濟法》。第一次世界大戰後，美國農業陷入了增產和降價的惡性循環。大蕭條時期，其農產品價格更是大幅下跌。鑒於此種嚴峻的農業形勢，一九三三年三月八日，羅斯福指示農業部長亨利·華萊士等準備農業法案。農業法案起草後，經參議院長達數日的激烈爭議，最終形成了《農業調整法》，羅斯福於一九三三年五月十二日簽署。此法包括三個部分：第一部分規定小麥、棉花等為必須限制產量的「基本商品」；第二部分主要解決農業貸款問題；第三部分即《湯瑪斯修正案》。

⑦這裏的鐵路法案，指一九三三年五月四日羅斯福簽署的《緊急鐵路法》。該法案授權一位運輸協調人擔負促進或強制運輸人的行動，以避免機構重疊，防止浪費。

⑧美國第二十六任總統希歐多爾·羅斯福（Theodore Roosevelt）是富蘭克林·羅斯福的堂

兄，他對羅斯福影響甚大。

⑨當時美國的相關問題是物價大跌、黃金擠兑及外流。羅斯福傾向於提高金價，刺激通貨膨脹、美元貶值，放棄金本位制。一九三三年四月十九日，羅斯福在記者招待會上，宣佈政府將放棄金本位制，讓美元貶值，以刺激國內價格上漲。六月五日，國會決議限定過去和未來一切公司契約，均禁止用黃金支付，至此美國終於放棄了金本位制。

⑩在擠兑風潮中，不少美國人把兑換出來的黃金輸往國外，致使美國黃金儲備岌岌可危。羅斯福在一九三三年四月五日發佈行政命令，禁止儲藏黃金，持有者必須把金幣、金條或黃金兑換券交聯儲銀行。四月二十日，財政部宣佈不再頒發黃金出口許可證，並進一步控制國際兑換中的黃金支付。

⑪這裏的國際會議，指一九三四年六月十二日在倫敦召開的經濟會議。因羅斯福政府為實現國內貨幣貶值、通貨膨脹的目標而放棄外部平衡，拒絕在穩定貨幣方面進行合作，因而此次會議不歡而散。

3 談復興計畫的目標與基礎

——一九三三年七月二十四日，星期一

復興計畫是羅斯福「新政」的主體內容，為此政府制定了《全國工業復興法》。這篇談話中，羅斯福指出了復興計畫的目標：國民都有工作可做，都能得到公平的工資和收益。要實現這些目標，勢必要解決蕭條期間惡性競爭、極度貧困和勞資關係緊張的問題。而要解決這些問題，首先必須取得企業、勞工的理解和支援。這也正是復興計畫的基礎，即人民之間的諒解和支持、共同的盟約。最後，羅斯福表示對公眾目標和基礎力量充滿信心。

五個星期前舉行了具有歷史意義的國會特別會議①，休會後，我特別將向大家彙報的時間延後，這有兩個原因。

其一是，我想我們所有人都需要一個進行平靜思考的機會，對開啓新政車輪一百天來所發生的諸多事件，在頭腦中進行反思和吸收。

其二是，我需要幾周時間來組建新的管理機構，並認真審查我們精心規劃的首批成果。

我想，如果我把用於國家復興規劃的基本原則說出來，你們一定會感興趣的。我確信，這將使各位更加清楚地認識到，三月四日以來通過的所有議案和法律②不是眾多鬆散方案的集合，而

是一項聯繫密切、合乎邏輯的有機組合。

早在就任美國總統以前，我就已確信個人的、地方的甚至是各自爲政的聯邦政府努力都已失敗；此類努力的必要性終將失敗；因此，聯邦政府的全面領導，無論在理論上還是在實踐上都成爲必然。但是，這種領導發端於保持和強化美國政府的信用，因爲沒有這種信用，任何領導是不可能實現的。多年來，聯邦政府一直靠赤字運行。眼下的緊迫任務，是使我們的日常開支維持在財政收入範圍內。此事我們正在做。

對一個政府來說，一方面要削減日常開支，同時還要借錢並花費數十億美元，來應對緊急情況，這看起來似乎有些矛盾。但實際上並不矛盾，因爲大部分緊急救濟款，都以健康貸款的形式支出了，這筆錢數年後將被償還給財政部。爲了籌集其餘的緊急救濟資金，我們已經徵收了稅收來支付債務部分發生的利息。

因此，你將發現，我們已經使我們的信用保持良好的記錄。在混亂時期，我們已經建立了堅實的基礎。聯邦政府的信用基礎的確已經建立起來，不僅廣泛而且眞實。

接下來的這部分問題，是關於個體公民自身的信用。你們和我對銀行危機及其對我國民眾存款所構成的重大威脅，都有些瞭解。

三月十六日，所有的國家銀行都關閉了。一個月之後，存款人在國家銀行中，90％的存款又可以使用了。今天，國家銀行中，只有大約5％的存款依然被凍結。就各州銀行的情況來說，雖然從比例的角度看不是很理想，但凍結存款的總額正呈現穩步減少的趨勢——這個結果比我們三個月前想像的要好得多。

個人信用問題由於另外一件事情而變得更加艱難。這裏的美元與造成債務的美元是不一樣的。因此，許多人實際上正失去對於農場和住房的所有權和領有資格。你們都知道我們爲了糾正這類不公平現象採取了金融措施。除了住房貸款法③外，農場貸款法和破產法都已獲通過。

減少人們的債務和利息負擔，恢復人們的購買力確實非常迫切。但另一方面，在我們幫助人們保有其信用的同時，絕對有必要爲那些在此時此刻身陷困境的人做些事情，來滿足他們的需要。

市和州的援助正被延展到極限。我們撥款五億美元來塡補他們的不足。而且，如各位所瞭解到的，我們已使三十萬年輕人投身於既實際又有意義的林業、防治水災和水土流失等工作中去。他們所賺取的一部分工資，將供養構成其家庭成員的近一百萬人。

依照同樣的分類方法，我們用於龐大公共工程的資金總額，將達到三十億美元。這些錢將被用於修築鐵路、建造輪船、防治水災、內河航運，以及數千個自籌資金的州和市的改進計畫。

在分配和管理這些專案時，有兩點必須澄清。一是我們正竭盡所能去選擇能夠創造就業機會、見效快和實用的項目，避免議員爲當地選民爭取地方性建設經費情況的發生；二是我們希望，至少有一半的資金將會從專案回歸到聯邦政府。這些項目一段時期後將能夠自食其力。

到現在爲止，我已經主要講了基石的問題，談到了聯邦政府通過防止貧困，和由各級政府部門提供盡可能多的幫助，以便重建信用，並引領人民朝相反的方向前進而採取的措施。

現在，我來說說將讓我們保持長久繁榮的關鍵因素。我曾經說過，在一個一半蒸蒸日上、而另一半衰敗不堪的國家，不會有長久的繁榮。如果我們的所有國民都有工作可做，都能得到公平的工資和收益，那麼他們就能買其鄰居的產品，情況就是好的。但如果你奪走了其中一半人的工資和收益，那麼情況就只有一半是好的。即便那幸運的一半非常繁榮，也於事無補；最好的方法是使每個人都過著幸福的生活。

多年來，較低的農產品價格和對失業的日益痲痹大意，一直是實現正常繁榮的兩大障礙。這些因素使我國的購買力縮減了一半。我承諾採取行動，國會也承擔了自己的責任，通過了農業和工業復興法。今天，我們正將這些法律付諸實施。如果大家理解了這些法案的基本目標，它們的實施將會見到成效。

首先來談一談《農業調整法》。制定該法案的依據是，我國人口將近一半的購買力依賴於足夠高的農產品價格。我們生產的某些農產品數量，已經超過了我們的消費能力。國際市場疲軟，使得外銷也很困難。解決此問題的辦法，是不要生產那麼多東西了。

沒有我們的幫助，農民們無法共同減產。《農業調整法》給他們提供了一種方法，來使產量達到合理的水準，並使其農產品保持合理的價格。我已經明確指出，這只是一種試驗性的方法。

但是，既然我們已經走出了這一步，我們就有理由相信這種方法必將產生良好的效果。顯而易見，我國有數千萬人依靠農業和農產品銷售爲生，如果我們能夠大幅度地提高民眾的購買力，那必將大大提高工業產品的消費能力。

那就是我的最後一招——將工業品價格調到合理的水準上去。

去年秋天，我在多個場合明確指出，透過在工業界的民主自律，我們有可能做到普遍增加工資、縮短工時，直到使企業付給其工人足夠多的工資，讓工人購買和使用他們生產的產品。只有允許和鼓勵企業採取合作的態度，我們才能夠做到這些。因爲很明顯，如果沒有聯合一致的行動，每個競爭集團中總有些自私的人，會付給工人極少的工資，並堅持讓其工人過長時間地勞作。該集團的另外一些人要麼跟進，要麼關門停業。過去四年來，我們已經看到，此類行爲的後果，是將我們的經濟進一步推向了深淵。

有一種方法顯然可以解決這個難題。如果每個競爭集團的所有雇主，都同意付給其工人相同的工資，一份合情合理的工資；同意採取同樣的勞動時間，一種合情合理的勞動時間，那麼較高的工資和較短的工時，就不會傷害任何雇主。而且，和失業、低工資相比，這對雇主更爲有利，因爲這可以讓更多的人購買其產品。這就是《工業復興法》④的核心理念。

根據所有人協調行動這個簡單的原則，我們正在開展全國範圍的反失業鬥爭。如果我們的同胞理解了這個原則，我們就能夠取得成功——無論是在大企業還是小店鋪，在大城市還是在小城鎮。這個原則非常簡單，也不是什麼新玩意。它可以追溯到社會和國家的基本原則本身，即萬眾一心，眾志成城。

舉例說吧。在棉紡織品條例和其他已經簽署的條例中禁止使用童工。自從我到華盛頓就任總統以來，這是我參與的最讓個人感到高興的事情。童工一直是紡織品業揮之不去的夢魘。我很自然地想到了這一行業，而也正是此行業在《工業復興法》簽署後，給予了我們極好的合作。但沒有哪個雇主能夠獨自採取禁止童工的行動。如果哪個雇主或哪個州想試一試的話，其運作成本將直線攀升，直至他們不可能和沒有採取此種措施的雇主或州進行競爭。《工業復興法》剛一通過，這個多年來根本無法通過法律或輿論手段解決的怪物，一瞬間就解決了。正如一位英國編輯所說的那樣，我們在一天內通過一部法令做到的事情，比英國人在八十五年間靠習慣法做到的事情還要多。我的朋友們，我用這作爲例證，並非是要吹噓我們已經做了多少事情，而是要向各位表明我們在今年夏天和秋天，還有哪些更艱鉅的工作要做。

今年的情況比去年要好些。我堅信所有勇敢和樂觀的人都能夠挺過這個冬天。我們不能再讓美國面臨無助的艱難局面，是採取積極行動的時候了。工業復興法給了我們戰勝失業的武器，就像我們用以清除童工時一樣。

簡單說，該法案說的是：

如果所有雇主一致縮短工時，增加工資，我們就能夠讓人們重新回到工作崗位上去。任何雇主都不會遭受損失，因爲所有人的競爭成本都相對提高。但是如果哪個集團掉了隊，這個重大的機遇將和我們擦肩而過，而我們也將陷入另一個困難時期。一定不能讓此類事情發生。

我們已經向所有雇主發送一份協定⑤，這是經過數周協商的成果。該協議核查了幾乎所有大企業提交的自願性條例。這份空白的協定，得到了我任命就此協議提出建議的三大委員會的一致認可。這些委員會由勞工、工業和社會服務界具有代表性的領導人組成。此協議獲得了每個州和工業界各個階層眾多人士的認可。這是一項經過深思熟慮、合乎情理和目標明確的計畫。它將使透過法令在各個產業部門所建立的最重要廣泛原則，得以立即貫徹落實。自然地，使得這些條例完善起來並獲得通過，將涉及大量的組織工作、舉行大量的聽證會，並將耗費數月時間，但我們等著所有這些條例一一獲得通過。不過，我正在分發給每個雇主的這份空白協議，將使這項工作現在就運轉起來，而非從現在開始一直等到六個月後再說。

當然，一定有人——雖然是少數人——會爲了尋求個人私利去阻礙這項協議的通過。法律方面的懲罰將會很嚴厲，但我現在希望你們從輿論和道德的角度進行合作。這是這個偉大的夏季我們用以抗爭失業的惟一武器。但我們會將這一武器的作用發揮到極限，以抵禦落後者的干擾，並使這項計畫取得成功。

戰爭中，執行夜間攻擊任務的戰士，要在其肩頭佩戴明亮的徽章，以避免戰友間的戰鬥。根據這樣的原則，那些在此計畫中進行合作的人們，互相間也必須得一看便知。因此我們頒發了徽章⑦。它的設計很簡單，上面刻有一句話，「人盡其責」。我要求所有那些和我站在一起的人們，將這枚徽章放到顯眼的地方。這對達到我們的目標是必要的。

所有大型的和基本的產業部門，都已經自願地提交了擬定的規範，在這些條例中，他們接受了有助於大規模再就業的原則。令人振奮的示範效應儘管重要，但是小企業主在這個過程中的作用最為關鍵，因為他們的貢獻將使十倍的人獲得工作。這些小企業主確實是我國的中堅力量。我們的計畫成功與否，很大程度上取決他們的配合。

電報和信件正雪片般向白宮飛來。雇主們將他們的名字放到這份光榮榜上。他們代表著大型企業和公司、合夥人以及個體經營者。我要求在發出的協議中所設定的日期前，我國那些還沒有照此辦理的企業主們——不論是大企業主還是小店主——都應以個人名義打電報或寫信到白宮，表明其參與該計畫的意願。我的目標是，每個城鎮的郵局，將所有和我站在一起的人名光榮榜展示出來。

我要借此機會對此刻正在舊金山參加會議的二十四位州長說，這次會議一開始所通過的決議案，是對這項偉大運動的最有力支持。該決議案迅速且完全同意我們的計畫，並保證在其所在各州支持此計畫。

我想誠摯地為那些因事實上的失業或對失業的恐懼而使其生活變得暗淡的男人和婦女們加油鼓勵。已獲批准或即將通過的法令和協議將表明，這項計畫確實會增加工資，也確實會給更多的人帶來就業機會。你們可以將每個同意該計畫的企業主，看作是正在做著他們分內事情的人，他們將對每一個為謀生計而工作的人做出貢獻。像我本人一樣，你們也會清楚地看到，那些逃避責任的企業主，或許可以用比其競爭對手低廉的價格拋售其製造的產品，但他們據此獲得的積蓄，是以犧牲我們國家的福祉為代價的。

我們在從事這項偉大的工作時，不應該有異議和爭論。沒有時間來吹毛求疵，或者對這份協議所設立的標準提出疑義。我們應該耐心些，多份理解，多份合作。依據這項法令，我國的工人有不可被剝奪的權利，任何人都不允許削減他們的權利；但是，另一方面，也不可透過暴力手段獲取這些權利。整個國家將團結起來，為你們獲取這些權利而奮鬥。適用於企業主的原則也適用於工人。我要求工人們以同樣的精神進行合作。

當被稱為「老山核桃」的安德魯．傑克遜⑧逝世時，有人曾問，「他會往天堂去嗎？」有人答道，「如果他想要去的話，會的。」如果有人問我，美國人民能否靠自己渡過這場危機，我的回答是，「如果他們想要的話，他們會的。」該計畫的本質是，人們普遍同意限制每人每週的勞動時間，付給工人高於最低標準的工資。我不能保證這項全國範圍的計畫能取得成功，但我國的人民卻能夠保證其成功。我對「包治百病」沒有信心，但我相信我們能夠極大地影響經濟力量。我對那些經濟學家所持的觀點不敢苟同。這些人堅稱事情必須按自己的運行規律運轉，人為機構並不能對經濟病症發揮作用。原因之一是，我碰巧瞭解到，經濟學家很久以來總是每隔五至十年就會改變其經濟規律的定義。但我的確相信，並一直對公眾目標的力量和美國人們萬眾一心的力量充滿信心。

這就是我向大家說明的，我們的復興計畫賴以制定的簡單原則和堅實基礎的原因所在。這就是我們要求全國的企業主們，以愛國主義和人道主義的名義，和我簽訂這份公共契約的原因所在。這就是我要求工人師傅們以理解和援助的精神，和我們一道前行的原因所在。

注釋：

①指一九三三年六月十六日舉行的國會特別會議，此次會議通過了《全國工業復興法》。

②至此次談話時，羅斯福政府已經先後推出《緊急銀行法》（三月九日）、《證券法》（五月二十七日）、《農業調整法》（五月十二日）、《聯邦救濟法》（五月十二日）、《全國工業復興法》（六月十六日）、《田納西河流域管理局法》（五月十八日）等。

③羅斯福「新政」時期，對住房政策進行了一系列重大調整。其中於一九三三年六月十三日簽署《住房貸款法》（The Home Loan Act），授權建立住房貸款公司。規定以房產作抵押借款的房主無力還款時，可以其抵押品轉借政府擔保的國債，從而使許多人保住了住房。

④該法全稱應為《全國工業復興法》，在「爐邊談話」中多稱為《全國復興法》和《工業復興法》（The Industrial Recovery Act，IRA）。旨在復興工業的法案。一九三三年六月十六日國會

通過，當日羅斯福簽署。該法案包括三個部分，第一，規定成立國家復興局；第二，規定設立公共工程局，撥款三十三億美元，用於建設公路、堤壩、聯邦建築、海軍基地及其他工程；第三，規定徵收超額利潤，資助公共工程局。

⑤這裏的協定，指由國家復興局局長休·詹森建議制定的「總統再就業協定」，通過郵局分發全國各地。協定要求雇主保證不雇用十六歲以下童工，工廠工人每週工作三十五小時，其他工人四十小時，每週最低工資十二美元等等。

⑥指由勞方、資方和公眾代表分別組成的委員會，它們在國家復興局的認可和監督下，制定適合於本行業的規範。

⑦指「藍鷹」徽章，國家復興局給符合「總統再就業協定」規範的企業發放榮譽性標誌，它以印第安神鳥藍鷹為圖案，上寫「人盡其責」（We do our part）的字樣，懸掛在企業營業地點或印在產品上。當時這個徽章曾風行一時，企業主以此為榮，故有兩百多萬企業主在協定上簽字。

⑧美國第七任總統安德魯·傑克遜（Andrew Jackson，一七七六～一八四五）性格堅毅，故有「老山核桃」（Old Hickory，亦譯「老核桃木」）之稱。他臨終時說：「我親愛的孩子們、朋友們、白人們，我希望並盼望在天堂和你們大家——白人和黑人見面。」

4 談通貨形勢

——一九三三年十月二十二日，星期日

實行「新政」的半年裏，羅斯福基本扭轉了蕭條局面。《紐約時報》聲稱，「羅斯福已經挽救了一場史無前例的絕大危局」，「從來沒有哪一個總統，能在如此短的時間裏，讓人覺得這樣滿懷希望」。

在第四次「爐邊談話」中，羅斯福回顧了三月以來「穩健而紮實的工作」，並高度概括了「第一次新政」所致力於實現的目標。羅斯福依然「感謝大家的耐心和信任」，也坦陳了別人誤解自己的看法，然後作出保證：「奇蹟是不存在的，我將竭盡全力。」

朋友們，今天距離我上次和大家討論我國的問題，已經有三個月了，在此期間發生了很多事情。我很高興地告訴大家，這些事情中的絕大部分，都有助於改善每位公民的福祉。

因爲，你們的聯邦政府所採取的每項措施，都已考慮到每個人的利益，也就是老話說的「最大多數人的最大利益」。

我們作爲理性的人民，不能期盼每個人、每個崗位、每家企業、工業或者農業，都可獲得源源不斷的好處，同樣，任何理性的人，都不會在這麼短的時間內，盼望獲得那麼多好處，因爲在此期間，新的機構不僅投入運行，而且首先要將它們建立起來。這樣，美國四十八個州的每一個地方，才能夠平等地共享國家進步的益處。

但是，我們國家從東海岸到西海岸的每一寸國土，全國一億兩千萬同胞中的每個人，都向那些樂於看到進步的每個人，展現令你們和我爲之驕傲的事實與行動。

今年年初，我們國家的實際失業人口數量，要多於世界上的其他國家。據客觀的估計，去年三月時的失業人口數量達一千兩百萬或一千三百萬人。當然，這其中有幾百萬人可以被劃入正常失業的範疇。這些人有些是覺得高興時才偶爾去工作，而有些人則根本不願去工作。因此，我國公民中有約一千萬人，迫切地且更多的時候是如饑似渴地在找工作，卻沒能得到工作機會，這樣的說法是公正的。我確信，在短短幾個月內，這些人當中至少有四百萬人已經找到了工作。或者換句話說，那些找工作的人中有40%的人已經找到了。

朋友們，這並非意味著我對此感到滿意，或者你們感到滿意了，我們的工作可以結束了。我們還有很長的路要走，我們才剛剛出發而已。

我們的復興大廈一旦建成，貨幣兌換商或乞丐將無所遁形，它將致力於維護美國最大多數人的社會正義與福祉，人民將可以安居樂業。那麼我們如何來建設這座大廈呢？我們正在一塊石頭一塊石頭地搭建著基柱，這些基柱將爲我們的大廈奠定基礎。基柱的數量眾多，但有時候，儘管某根基柱的鋪設，會影響到緊鄰著的房樑架設，但整體工作必須毫不間斷地進行下去。

我們都知道，救濟失業者是建設這棟大廈的首要工作。也正因爲如此，我才首先談到，幾乎遍及全國每個角落的民間資源保護隊營地，在整個冬季已經或正在向三十萬年輕人提供就業機會。

你們也知道，我們爲配合各州和地方政府，在工作和家庭救濟方面所耗費的資金，比以往任何時候都要多，其數量在未來幾年的冬季都不會減少。其原因很簡單：儘管有幾百萬人回到了工作崗位，但還沒有獲得工作的那些人，比去年的這個時候更加迫切地需要我們的救濟。

接著我們來談談救濟問題。我們現在正將它發放給那些面臨失去農場或家園的人們。我們需要在全國的三千一百個縣建立新的機構，以恢復他們的農場信用和住房信用。過去的每一天，都是在幫助數千個家庭保住住房和農場。我已經公開要求延長農場、各類動產和住房的抵押回收期限，直到美國的每位抵押人，都獲得了充分利用聯邦信用的機會。

我還進一步提出，如果美國的任何一個家庭，將要喪失了住房或各類動產，該家庭應該馬上致電位於華盛頓的農業信貸局①或房主貸款公司②請求幫助。就你們許多人所知，各大聯邦信用機構已經提出了這樣的要求。

另外兩大機構也很活躍。復興金融公司繼續向工業和金融機構拆借大額資金，其基本目的是使工業、商業和金融業的信用開展起來更加便捷。

三個月內，公共工程計畫已經進展到這樣的地步：在用於公共工程的總額達三十三億美元的撥款中，已有十八億美元被分配給各類聯邦專案，地域遍佈美國的每個角落，這方面的工作正在向前推進。另外還有三億美元分配給了由各州、市和私營公司實施的公共工程項目，如那些進行中的貧民窟清理專案。公共工程資金的平衡問題，就是等著各州和地方政府本身提供合適的項目。所有這些資金都準備用於州和地方項目上。中央政府手裏握著這筆錢，等著將其撥給合適的專案使用。

另一大活躍的機構是農業調整局③。南方的棉花種植園主、西部的小麥農場主和東南部的煙草種植園主們，給予聯邦政府非比尋常的合作，這令我感到吃驚。我相信，中西部的生豬農場主也會步其後塵。我們謀求要解決的問題，在這二十年間變得更加糟糕了。但是過去六個月，我們取得了比任何國家同期都要大的進步。確實，七月份，農業日用品價格比現在還高，這部分是由那些不辨菽麥的人、從來沒見過棉花生長的人、不知道豬是吃玉米長大的人所進行的純粹投機活動所致。這些人對農民和他們所面臨的問題沒有實際的興趣。

儘管投機畢竟是投機，但是有個事實是，一九三三年，美國農民從其產品中獲得的收入，比一九三二年增加了33%。就是說，他們在一九三三年的收入是四百美元，而在一九三二年只有三百美元。記住，這只是全國的平均水準。我得到的報告指出，有些地方農民的收入並不比去年好多少。主要農產品，特別是養牛戶和乳品加工業也是如此，我們正盡快跟進這些問題。

我毫不遲疑地，用我能夠想到的最簡單明瞭的話和大家說，雖然許多農產品的價格已經回升了，雖然許多農戶的生活比去年富裕了，但我對農產品價格增長的數量和幅度，都不能感到滿意。繼續增加農產品的價格，並將其範圍擴展到那些還沒有獲得實惠的農產品中去，是我們確定不移的政策。如果我們不能用這種方式做到這點，我們就會用另外的方式去做，我們終將做到。

農業和工業、《農業調整法》和《全國復興法》互為協調。其目標是使工業和商業工人找到工作，並透過增加其工資的方法，提高其購買力。

童工已被禁止使用。血汗工廠也已經被取締。在某些工廠勞作一周僅得到六十美分，在某些礦山工作一周得到八十美分工資的情況，都已經成為歷史。促進工業增長的措施奏效與否，取決於總的再就業人員數量，相關情況我已經和大家談過了。實際上，再就業人數正在不斷增加，而不是止步不前。

《全國復興法》的秘訣在於合作，這種合作是透過自願地簽署一般性協定和包括全國所有大型企業的具體協議來實現的。

在絕大多數地方的絕大多數情況下，人們都全力支持全國復興法的實施。我們知道總會有挖牆角的人，我們已經發現了一些為謀取一己私利而心懷叵測的人。他們對該法案橫加指責，為該法案的執行設置重重障礙。

90%的抱怨源於誤解。

譬如，有人說《全國復興法》沒能提高小麥、玉米和生豬的價格；《全國復興法》沒能向地方公共工程項目發放足夠的貸款。當然，無論怎麼講，《全國復興法》和農產品的價格或公共工程都扯不上任何關係。該法的任務只是爲產業組織制定經濟規劃，以消除不公平的經營活動，並創造再就業機會。即使在工商業領域，《全國復興法》也不適用於農村社區人口總量少於二·五萬人的城鎮，除非依據具體情況，在這些城鎮設有工廠或連鎖店。

另外一個事實是，在我談到的挖牆腳的人當中，既有人物，也有小角色，他們都靠鑽漏洞來謀取不正當利益。

我給大家舉一個東部某大城市商店銷售商的例子。此人想將一件棉襯衣的價格從〇·五美元提高到二·五美元，並對顧客說漲價的原因是棉製品加工稅。實際上，每件襯衣中僅含約一磅棉花，而其加工稅僅有四·二五美分。

就這方面的情況來說，我應該貸款給全國各城市和大城鎮的六千萬~七千萬人才是公平的，因爲他們理解並樂意繳納這微不足道的加工稅，雖然這些人很清楚地知道，由城市居民所繳納的這部分棉織品和食品加工稅，將百分之百用於增加我國農業居民的農業收入。

我要談的最後一個問題，是存放在國家銀行的資金。

這裏要瞭解兩個事實。

一是聯邦政府準備將十億美元，以緊急貸款形式，用於自一九三三年一月一日以來已經被凍結或非流動性的銀行資產，並對這些資產進行寬鬆的評估。如果人力充足，這筆錢一經從銀行取出來，就會掌握在存款人的手裏。

二是從一月一日起，政府銀行存款基金④將對總額達到兩千五百美元的存款提供擔保。我們現在也認識到，在此日期或以前，聯邦政府將建立銀行資本機構，以保證保險公司正常運作時，各家銀行處於良好狀態。

最後，我來重複一下我曾經在眾多場合說過的，就是，自從去年三月以來，聯邦政府政策明確，就是要保持日用品的價格水準。

這個目標已經在一定程度上得以實現，這使農業和工業企業能夠再次給失業人員提供就業機會。人們也有可能以更接近於他們借債時的貨幣水準，償付公私債務。價格機構已經漸漸維持在一種平衡的狀態。這樣就可以在更公平的交換基礎上，用其農產品交換工業產品了。

防止價格漲幅超過我們達到此目的的必要限度，以前是，現在依然是我們的目標。我們國家各個階層人民的永久福利和安全，最終都依賴於這些目標的實現程度。

顯然，因爲我們國家幅員遼闊，農作物品類繁多，工業部門行當齊全，所以我們無法在短短的幾個月裏達到目標。我們可能會需要一年、兩年甚至三年的時間。

所有人在瞭解到我們所處的實際環境後都會認爲，日用品，特別是農產品的價格還不夠高。

一些人在本末倒置。他們首先要求對美元價值進行永久性再評估。而聯邦政府的政策，首先是要保持價格水準。我不知道，而且其他人也不能說清楚，美元的永恆價值會是什麼。現在要想預測一個永久的黃金價格，恐怕必須要看今後所表現的交換情況。

一旦保持住了價格水準，我們將努力建立和維持一種下一代都不會改變其購買力和還貸能力的美元。去年七月，我在給駐倫敦的美國代表團信中曾談到這點。現在我再次重申這個觀點。受國內因素和世界其他地區不可操控事件的影響，提出並採取進一步措施，以便及時控制我國國內美元兌黃金的價格，變得日益重要起來。

總體來說，我們的美元受到國際貿易事務、其他國家的國內政策和其他地區政治動盪等因素的重大影響。因此美國必須將我國美元的黃金價格，牢牢地控制在自己手裏。這對於防止因美元不穩定而致使我們偏離最終目標，即進一步恢復我國的日用品價格是必要的。

我還打算在美國建立一個聯邦政府黃金市場，作爲達到此目標的進一步有力措施。因此，根據先行法律的明確授權，我將批准復興金融公司在和美國財政部和美國總統協商後，必要時以核定價格收購在美國新開採出的黃金，並在我們認爲必要時，在世界市場上收購或出售黃金。

我採取此項措施的目標，是要建立和保持持續的控制能力。這是一項政策，而不是權宜之計。這項政策並非僅僅爲了彌補暫時性的價格下降，我們正朝著建立一種可管理的貨幣之方向努力。

大家會回憶起去年春天，有些人做出的可怕預言。這些人不同意我們透過直接手段提高價格的普遍政策。實際上所發生的事情，與那些預言形成了鮮明的對比。聯邦政府的信用水準提高了，物價有所回升。毫無疑問，我們中間依然存在著邪惡的預言家。但是，聯邦政府的信用必將保持住，健全的貨幣將使美國的日用品價格水準繼續回升。

今晚，我和大家談了我們在建設國家的復興大廈時，所做的穩健而紮實的工作。依照我去年三月四號之前和之後給你們做出的承諾，我保證兩點：奇蹟是不存在的；我將竭盡全力。

謝謝各位的耐心與信任！我們的困難不會在瞬間消失，但我們已經啟程並朝著正確的方向前進！

注釋：

①農業信貸局（Farm Credit Administration），這是羅斯福政府依據《農業調整法》成立的政府金融機構，意在為農村人口保住他們的農場和住房，提供政策性信貸支援。

②這是羅斯福政府根據《住房貸款法》（The Home Owners Loan Corporation）成立的政府金融機構。該公司由復興金融公司撥款二億美元，另獲授權發行二十億美元債券，購買房主持有的拖欠抵押借款單，從而使即將失去房產贖回權的房主保住自己的房產。公司還貸給房主現金，供其支付稅收和房屋修理費用。

③農業調整局（Agriculture Adjustment Administration，AAA），也譯作農場調整局。它是負責實施《農業調整法》新設的政府機構，隸屬於農業部。

④政府銀行存款基金（Government Bank Deposit Insurance），這是依據一九三三年六月十六日羅斯福簽署的《格拉斯——斯蒂高爾銀行法》建立的基金。該基金部分來自聯邦政府撥款

（一・五億美元），其餘來自參加保險的銀行繳納的保費。該基金為數額達二千五百美元的存款予以保險。該基金公司保護了儲戶的利益，有利於銀行體系的穩定。

5 對第七十三屆國會所取得成就的回顧

——一九三四年六月二十八日，星期四

這篇回顧國會所取得成就的談話，自然集中在立法與行政機構關係以及公民權利問題上。羅斯福稱本屆國會是和平時期歷屆國會最自由的一屆，既讚揚了國會，也說明了國會與政府的良好關係。接著，談話集中於挽救和捍衛國家生活的三大措施——救濟、復興、改革。由此歸結於人權，指出三大措施都是為了實現這一理想，並請大家自問《權利法案》中規定的權利，是否受到了些微損害。在此基礎上，羅斯福譴責了那些專門利己、唯利是圖的人。最後，又從白宮引申到政府權力的來源，回應了這次談話的主題。

幾個月前，我和大家討論了有關政府的問題。一月以來，我們這些承蒙各位信任的人，一直致力於實現數月前經過廣泛討論的計畫和政策。似乎對我們而言，我們的職責不僅是要使復興的路線更加清晰，而且還包括要走出這條路來。

在我們回顧第七十三屆國會所取得的成就時會清楚地發現，完成和強化國會一九三三年三月份所開啟的工作，已成爲本屆國會的當然任務。這項任務並不輕鬆，但本屆國會是勝任的。

人們普遍認爲，除了爲數不多的幾次例外，自華盛頓總統①本人所領導的美國政府以來，本屆國會作爲合作夥伴，是和平時期歷屆國會中表現得最不被黨派之見束縛的一屆國會。本屆國會無論從業已作出的各項立法的深度和廣度來說，還是他們在就這些措施所進行的辯論過程中，所展現的智慧和良好願望來說，給人的印象都是深刻的。

我僅舉幾個主要措施來說明。法律規定透過公司與城市破產法及農業救濟法，來重新調整公民的債務負擔。透過鼓勵貸款給那些有償付能力、卻無法從銀行機構得到足夠資金的企業，來助這些企業一臂之力。透過證券交易稅，來強化金融的完整性。透過互惠貿易協定，爲增加美國對外貿易額提供了合理的方法。強化了我國海上軍事力量，以履行現行條約權力的意圖與許可。

《勞工調整法》②使企業走向進一步的和平。透過採取爲廣大農民所要求的各項措施，對我們的農業政策進行了補充，並設法避免生產過剩，造成災難性降價。爲了鎮壓歹徒的犯罪活動，法律強化了聯邦政府的權力。透過我今天簽署的這部法案③，採取了明確的措施，來推動全國住房計畫的實施，以鼓勵私人資本進入美國的住房重建項目。國會組建了一個永久性的聯邦機構，來嚴格規範各類通訊手段，包括電話、電報和無線通訊。最後，也是我認爲最重要的，是本屆國會對我們的貨幣體系，進行了改組和簡化，使其更加公平和正當。建立了完全能夠滿足現代經濟生活需要的貨幣本位和政策，並使作爲美國貨幣基礎的黃金和白銀各得其所。

爲了挽救和捍衛我們國家的生活，我們此前採取了一系列相互一致的措施。在這些措施中，我仍然認爲包含三個相互關聯的步驟。

首先是救濟。這是因爲任何倡導仁愛的民主政府，其主要關注點都是這樣一條簡單原則：在一個資源富足的國度，不應當有饑餓存在。

救濟過去是而且將繼續是我們考慮的首要問題。這項工作需要大規模支出，並將在未來很長一段時間內，以不同的形式繼續下去。我們或許已認識到這一事實。在那十年間，人們貪婪地追求不勞而獲的財富，而當時，各個階層的領導人，幾乎都對他們自己的計畫和投機行爲置若罔聞，視而不見。這期間的麻痺大意，導致了現在的局面。我們的聯邦救濟署④遵循兩條原則：一是，只要可能，我們的直接賑濟都應該以有益的和有償的工作作爲補充；二是，如果有些家庭在現存環境下，無論如何也找不到實現完全自給、幸福和歡樂的途徑，那麼我們將試著在新的環境，給他們一個新的機會。

第二步是復興。我可以自信地要求你們當中的每個人，來將現在的工農業形勢同十五個月前做個比較。

同時，我們也認識到改革和重建的必要性。改革，是因爲我們當前和過去數年間所面臨的困難，都是由於商業和金融領袖們，缺乏理解公平正義的基本原則所致；重建，是因爲我們經濟生活中出現了新形勢，而那些根深蒂固卻被忽略的因素，也必須加以糾正。

那些你們大家耳熟能詳的實際成果的取得，表明我們是對的。我可以向大家提供統計資料，來證明我們國家已取得無可辯駁的成就。這些統計資料顯示，在絕大多數企業上班的個人其平均周工資增加了。這些統計資料顯示，成千上萬人在私營企業重新找到了工作，還有成千上萬人在聯邦政府形式多樣的直接和間接的幫助下，獲得了新的工作。

當然，在職業追求方面，也存在例外的情況。有些人改善日常生活條件的願望被推遲了。我還可以用統計資料顯示，農產品的價值有了很大提高，消費者對食品、服裝和汽車的需求增加了，後期對耐用品的需求也提高了。統計資料還顯示，銀行存款有了大幅增加，數以千計的家庭和農場重獲抵押品回收權。

當然，你們大家評判復興成果的最簡捷方法，是看看自身情況的變化。你們今年比去年更有錢了吧？你們的債務負擔是不是輕了？你們的銀行帳戶是不是更安全了？你們的工作環境是不是更好了？你們對自己的未來是不是更加充滿希望了？

你們也可以思考另一個簡單的問題：作爲個人，你們爲這些成就的取得，是不是付出了更高的代價？花言巧語的利己主義者和理論的頑固派會說，你們大家失去了個人自由。

這個問題的答案，同樣來自各位自己生活中的事實。你們是不是喪失了你們的權利或自由，或憲法所賦予的行動和選擇的自由？回過頭來看看憲法中的「權利法案」⑤吧。我曾經莊嚴宣誓要維護權利法案所規定的各項權利，而「權利法案」也使大家的自由獲得安全保障。讀一讀「權利法案」中規定的每項條款，然後捫心自問，自己的這些權力是否曾受到任何微小的損害。我對你們的答案心裏很有數。你們大家各自的生活實踐就是明證。

換句話說，絕大多數的農民、製造商或工人，並不否認過去一年我們所取得的實際成就。那些最不安分的人，大致由兩部分人組成：一部分是那些需求特殊政治特權的人，另一部分則是需求特別金融特權的人。

大約一年前，我舉了這樣一個例子。美國90%的棉花生產商，想要順應其雇員和公眾的要求做正確的事情，但卻為另外10%的人所阻止，這幫人靠著不公平的手段和非美國的標準扼殺了他們。我們都很清楚地知道，人性的完美需要一個長時間的過程；各個階層中自私自利的那些少數人，像農業、商業、金融業，甚至政府服務部門本身，都是首先想到自己，然後才想到同伴們的利益。

我們在制定重大的全國性計畫，該計畫要照顧到最大多數人的基本利益。確實，有些人的利益受到侵害，並將繼續受到侵害。但相對而言，這些蠅頭小利屬於少數人。這些人謀求透過某些捷徑，獲取或保有地位、財富，或者二者兼得，但這種捷徑卻侵害了多數人的利益。

美國政府在執行國會所授予的各項權力時，需要並將不懈地謀求美國可以負擔得起的最佳途徑。

在我們的歷史上，公共服務領域在服務的機遇方面，提供了最佳的獎賞。它所提供的不是高工資，而是足夠維持生活的工資。來自全國各地有才幹的男男女女們，懷揣著勇氣找到我們，要求從事服務工作。依靠濫用公共權力來謀取一黨之利的時代結束了。聯邦政府的每位成員，不論其職位高低，都熱切地投身於公共服務的活動中去了。

去年的計畫的確在運作當中。經過月復一月的努力，這項計畫日益適應了新舊環境。全國復興管理局在組織機構和方法上的不斷變化，清楚地表明了這一演化過程。過去的每個月，我們都在大踏步地調整、理順勞資關係。當然，全國各地的情況幾乎各不相同，而每個產業部門的情形也不盡一樣。更加恒久的機制——我很高興地指出——還有雇主和雇員各自對渴望保持全方位的公平關係的日益認同，取代了臨時性的調整措施。

還有，雖然幾乎所有人都認識到了，因禁止童工、向工人支付不低於最低工資標準的工資和縮短工時等措施帶來的巨大進步，但我們依然感到在解決與產業自治、尤其是有關在某些自治機構希望消除公平競爭的領域，我們的路還很長。

在同一演進過程中，我們的目標一方面是使工業部門免受內部挖牆腳者的破壞，另一方面是，透過維持合理的競爭，來防止零售品價格過快上揚，超額保護消費者的利益。

但是，除了我們這項緊迫的任務外，我們還必須看到更遠大的未來。我已經向國會指出，我們正努力重新找到那條通往早已為我們大家所熟知、但某種程度上卻被我們所遺忘的理想和價值之路。我們追求的是全國人民的安全。

這種安全，要求採取額外的方法，給全國人民提供更好的住所。這是我們未來計畫的首要原則。

第二是要有計劃地使用我國的土地和水資源，目標是更好地滿足我國公民日常生活的需要。

最後，也就是第三條原則，是聯邦政府各部門要提供協助，以期找到切實的方法，來抵禦現代生活的各種變遷，即社會保障問題。

今年晚些時候，我希望和大家更詳細地談談這些計畫。

少數膽怯的人害怕進步。他們會試著將我們正在做的事情，給大家起個新奇的名字。有時他們稱其爲「法西斯主義」，有時稱其爲「共產主義」，而有時他們又稱其爲「集中營」或「社會主義」。他們這樣做的目的，無非是要將實際上很簡單實用的東西複雜化，變成抽象的理論。

我信奉實用的理論和政策。我相信，美國人民長期以來，一直要爲實現其古老而經過考驗的理想奮鬥著，我們今天所做到一切，是實現這一目標所必需的。

我給大家舉個簡單的例子：

今年夏天我離開華盛頓時，白宮辦公大樓開始進行早就十分迫切的翻新，並添加新建築的工作。建築師計畫在本就很狹窄的一層式佈局內添加幾個房間。我們希望在這次翻新和整修期間，加裝先進的佈線、管道系統和設施，以保證白宮辦公室在華盛頓炎熱的夏天，有個涼爽的環境。但要將白宮行政辦公大樓的建築輪廓保持下來。白宮建築群優雅的佈局，是建築大師們的傑作。當時我們的共和國還很年輕。這種簡捷而硬朗的建築佈局風格，至今仍經受得起每個現代人的檢驗。但是在保持這宏偉華麗佈局中間的同時，也要進行不斷的重新組織和再建設，以滿足現代政府辦公的需要。

有些能夠預測不幸事件的預言家，這些天正在討論此事。如果我聽信了他們的觀點，可能在決策時就會猶豫起來。我會擔心，在我離開華盛頓幾個星期後，建築師會在白宮建造出一座怪模怪樣的嶄新哥德式塔樓，或是一座工廠大樓，還可能複製出一座克里姆林宮或波茨坦宮殿。但我沒有那樣的擔心，因爲這些建築師和設計師，都有著相同的美國藝術品味。

他們懂得和諧一致和必要性原則。這些原則，要求新建築的風格必須與老建築相互融合。恰恰是新舊風格的完美結合，才成就了有序與和諧的進步。這不僅體現在建造大樓上，也體現在構建政府本身。

我們的新建築是老建築的一部分，並服從於老建築的風格特色。

我們所做的一切，都是要去實現美國人民的歷史傳統。其他國家或許受到古老且惡名昭彰的獨裁體制蠱惑，犧牲了民主體制。我們正在人們自治的原則指引下，恢復人們的信心和福祉。認同約翰·馬歇爾⑥一個世紀前所說的那樣，我們依然是「堅強有力的民有政府」。我們的聯邦政府，「在形式和實質上……皆源於此。其權力爲人民所授予，且將在他們的直接監督下，爲了維護他們的利益來行使這些權力」。

在結束今天的談話前，我要告訴大家，我希望幾天後開始一次旅行。我期待著這次旅行將帶給我的樂趣與愉悅。對每個人來說，每年至少可能有一次機會出去走走，看看風景，都會是件美不勝收的事情。我可不想去那種因數木太密而看不到森林的地方。

我希望到波多黎各⑦、維京群島⑧、運河區⑨和夏威夷去看看我們的美國同胞，順便還將和我們的姊妹國，如海地、哥倫比亞和巴拿馬等共和國的總統們，互相友好地打個招呼。

在船上待了四個星期後，我計畫在太平洋西北部的一個港口登陸，在那裏展開整個旅行最美妙的時刻。因爲我想對位於哥倫比亞州、密蘇里州和密西西比河上的眾多新的大型國家專案進行檢查，參觀一些國家公園，並在橫跨美洲大陸返回華盛頓的旅行期間，順便瞭解更多的實際情況。

一戰期間，當我還在法國時，我們的朋友們就常常把美國叫做「上帝的國度」（God's Country）。就讓我們建設這個國度，並保持其「上帝的國度」的美名吧！

注釋：

①即美國第一任總統喬治·華盛頓（George Washington，一七三二～一七九九）。

②《勞工調整法》（The Labor Adjustment Act），主要指解決失業、支持就業的各項法案。如「總統再就業協定」對企業雇主的約束；以工代賑、「生產者使用」的各項救濟、自助工程。

③這裏的法案，指羅斯福一九三四年六月二十八日簽署的《國家住房法》。政府根據此法，成立聯邦住房管理局，為發放修房和建築新房貸款的銀行、抵押貸款公司、建築與貸款協會提供聯邦保險。

④聯邦救濟署是依據《聯邦緊急救濟法》成立的聯邦機構，由哈里·霍普金斯任署長。該署

擁有五億美元資金，作為對各州的救濟撥款（而不是貸款），其中一半直接給予貧困州，另一半撥給其他各州，但附加條件——每一美元聯邦撥款，各州、市要配套相應的資金。除直接救濟外，該署還安排了許多以工代賑的工程。

⑤「權利法案」（The Bill of Rights of the Constitution）特指一七九一年生效的《美國憲法》第一～十條修正案，規定公民享有許多權利和自由。在美國的政治術語中，權利法案泛指憲法有關保障公民權利、不受政府非法侵犯的規定。

⑥約翰．馬歇爾（John Marshall，一七五五～一八三五），美國政治家，曾參與獨立戰爭，並曾任眾院議員和國務卿等。一八〇一～一八三五年任聯邦最高法院第四任首席大法官期間，曾作出著名的馬伯里控訴麥迪森案的判決，奠定了「司法審查」制度的理論原則和實踐基礎。

⑦波多黎各當時是美國的殖民地，一九五〇年成立共和國，一九五二年美國給予「自由邦」的地位。

⑧這裏指美屬維京群島，為美國的「未合併領土」。一九一七年美國從丹麥買下該群島，一九二七年該島居民成為美國國民，但不參加總統選舉。

⑨運河區是巴拿馬運河兩岸十六．〇九公里地帶，面積一千四百三十二平方公里。一九〇三年美巴簽署《巴美條約》，美國獲得開鑿運河及「永久使用、佔領和控制」運河與運河區的權利。二十世紀末，美國歸還運河及其所有權利給巴拿馬。

6 談推進更多的自由與安全

——一九三四年九月三十日，星期日

這篇談話就現實的企業、勞工以及其他社會狀況，談推進自由與安全的問題。「新政」的某些舉措，似乎限制了某些人的自由，這一直是其所受詬病最多的方面。羅斯福在多篇談話中談到了這一問題，本篇則集中在自由與安全關係上剖析了這一問題，為政府干預措施作了辯護。最後，羅斯福指出：「我相信亞伯拉罕・林肯的話：『聯邦政府的合理宗旨，是為全體公民做任何他們需要做但做不到，或依靠一己之力無法做好的事情。』」「據此，我們正朝著使每個人都享有美國有史以來更多自由、更多安全的方向邁進。」

國會休會後，我曾和大家談過一次，至今已經過去三個月了。今晚，我來和大家接著談。不過由於時間關係，我必須把許多題目放到後面的談話中加以討論。

最近，我們大家面臨的一個最突出的公眾問題是勞資關係，以及我們在這方面所取得的重要進展。我很高興地告訴各位，數年的飄忽不定狀況，在一九三三年春天的大崩潰中終於達到頂點後，我們正最大可能地以合理的工資雇用工人，使更多的企業在能夠獲得較公平利潤的情況下開業，從而使多年的混亂局面歸於有序。這些政府和企業的進步，是美國取得新成就的基礎。

人們對於涉及工商業的獨特政府活動形式觀點可能千差萬別，但幾乎所有人都認爲，有時候對這些私營企業，不能夠疏於幫助和保護，否則，它們不僅會毀掉自己，還會毀掉我們的文明進程。當伊萊休·魯特①說出了下面這段非常重要的話語時，現在採取此類措施的緊迫性和幾年前沒有差別：

取代自由個體契約而平等交換的，是組織的龐大權力，以及與之相伴的、在大型產業結構中積聚的大量資本。這些機構透過大型商業機構進行運作，並在生產、交通和貿易活動中，雇用大量的工人，其人數是如此眾多，以至於任何個體在其中都會感到相當無助。雇主和個人的關係，巨額資本的所有者和勞工組織的關係，小生產者、小商小販、消費者和大型運輸、生產、配送機構之間的關係，所有這一切，都給事情的解決提出了新的難題，因為從前依賴個人意志自由地採取行動，可現在這樣的方法已無濟於事了。而且從許多方面看，我們稱之為政府行為的有組織的控制與干預，似乎同樣能產生正當的結果和恰當的行為。在這些新的條件產生前，我們是靠犧牲個人的權益獲得上述效果的。

正是在魯特國務卿所描述的精神感召下，我們才在一九三三年三月開始了我們的工作，讓私營企業重現活力。當然，我們的第一個問題是銀行形勢。因為就大家所知，銀行業已經垮掉了。有些銀行沒法救了，但是絕大多數銀行通過動用自身的資源，或在聯邦政府的幫助下，已經得以維持並恢復了公眾的信心。這使銀行的數百萬儲戶有了安全感。與這項偉大的建設性舉措緊密相隨的是，我們透過各種聯邦機構，拯救了許多其他商業領域的債務人和債權人，如在農產抵押貸款和住房抵押貸款人，還有貸款給鐵路和保險公司的債權人。最後就是向住房所有者和企業本身提供援助。

在實施這些措施時，聯邦政府都對商業提供了援助，並期望這些企業最終將償還他們所使用的這些錢。我相信它們一定能做到。

為了維持普通工商企業，我們採取的第二項措施，是徹底清理投資領域的不健康環境。在這方面，我們得到了許多銀行和商業人士的幫助。他們中的許多人，都承認過去在銀行體系中存在著邪惡的東西。銷售有價證券、故意慫恿股票投機行為、銷售不良抵押以及許多其他產品，都使公眾損失了數十億美元。他們認為，如果不改革投資政策和方法，公眾對於儲蓄安全的信心就無法恢復。

依據新的銀行法②，如根據《證券法》③對新的有價證券進行仔細核查，透過《證券交易法》④來縮減股票投機的規模，這些都使人們感受到銀行存款的安全性。我真心希望人們因此不再靠投機有價證券等不正當手段快速致富。我國只有一小部分人信奉投機致富。他們不相信班傑明．富蘭克林的古老哲學⑤，即勤勞致富。

國家復興局⑥是美國政府應對復興工業問題的主要政府部門。在它的指導下，占全國工業雇員總數90%的貿易和工業部門，接受了公平競爭法。該法令已獲總統批准。根據這些法令的規定，在所有相關工業部門中都禁止童工，而且工作日和工作周的時間縮短了，最低工資標準得以建立，其他工資數額也朝著提高生活水準的方向進行了調整，《全國復興法》的緊迫目標是讓人們去工作。自該機構成立以來，已有四百多萬人重新就業，這在很大程度上是美國企業根據這些法律規定進行合作的結果。

工業復興計畫的益處，不僅體現在工人找到了新的工作、從過度勞動和超低工資狀態中解脫出來，而且還惠及企業的所有者和經理人員，因爲隨著工資的大幅度整體性提高，總的工業利潤實際上也增加了——一九三三年第一季度還是預算赤字，而在全國復興管理局成立的一年內，則達到了實際盈利的水準。

現在我們還不應期盼那些業已工作的工人和資方會完全滿意於當前的形勢。已經受雇工人的工資，無論怎麼說，也還沒有達到繁榮時期的收入水準，雖然說到目前爲止，數百萬低收入工人獲得的工資優於此前的任何時期。還有，今天數十億美元投資資金的安全性更強，其盈利能力也勝於以往。這是制定了公平競爭標準的結果，是擺脫了依靠削減工資進行不正當競爭的結果。工資的削減既使市場疲軟，又損害了消費者的購買力。一個不爭的事實是，使另外數十億健康投資，在一年內保有合理的盈利能力是不可能做到的。沒有其他可資利用的魔法和經濟萬能靈藥，來使沉重的工業和商業在一夜之間得以復甦。

但是總體來說，商業和工業也已取得了實際的收益。

這些收益和政府所採取的各項政策，給我們提供了擔保，這鼓舞了所有滿懷希望的人們，使他們有了信心：毫無疑問，我們正在沿著新政所規劃的路線，重建我們的政治經濟體制。我已經多次對此做過闡述。它們和建立有序而受歡迎的政府這一基本原則完全一致。美國人民自從白人上次登臨這塊大陸以來，一直在追求著這樣的原則。像過去一樣，將來我們也必須依賴個人的主動性、公平的私人利益動機。這些原則因認可了對公眾利益負有的義務原則而得以強化。我們有權希望大家本著愛國主義的原則，全心投入到復興國家的運動中來。

我們的國家復興局已經走過了制定法令的程序化階段，並對該管理局進行了重組，以適應下一階段的需要，這反過來又是一個將決定其永久形態的立法準備期。

在最近的機構重組中，我們認定了三項不同的功能：一是立法或政策制定功能；二是法令制定與修改的行政職能；三是司法功能，包括法律實施、處理消費者投訴、解決雇主與工人間以及工人與工人之間的爭端。

我們現在準備在能力出眾、精力充沛的詹森⑦將軍領導下，以我們在第一階段的實踐為基礎，向第二階段推進。

我們將密切關注《全國復興法》第二階段所設立的新機構之運作情況，需要修正時加以修正，並最終向國會提出建議，以便使全國復興管理局那些已被證明有價值的職能，變成政府永久機構的組成部分。

我想請大家注意下面的事實：《全國工業復興法》透過所謂的「工業自治」手段，提供了企業人士多年來夢寐以求的機會去改善商業環境。如果這些書面法律過於複雜，如果它們超越了穩定物價和限制生產的範疇，那麼大家記住，只要有可能，只要與過去一年的緊迫的公眾利益相一致，只要爲改善勞動環境所必需，商業和工業的代表就會獲准將他們的想法寫進法律。

現在到了綜合審查這些措施，以判斷這些在危急關頭使用的方法和政策，是否起到推動工業復興、永久地改善商業和勞動環境作用的時候了。我們要根據實踐，從工業自身的利益和公眾的普遍利益出發，採取專門的方式來做這項工作。

這裏或許有一個嚴肅問題，即有關控制生產或防止破壞性降價的諸多手段是否明智，許多商業組織堅持認爲這些手段是必要的。

另一個嚴肅的問題是，這些手段的作用，是否是爲了防止產量過快增長，而這一產量有可能降低價格、增加就業。另一個問題，是關於是否以小時工資或周工資作爲基礎，來核定最低工資數。這將使收入最低的工人，獲得滿足其最低生活需要的年收入。至此我們進入了核心問題，把適用於大型工業中心和大企業主的法律規定，推廣到小社區的小企業主是否明智？這也是我們必須探討的問題。

過去一年間，罷工和其他某些重大事件，一定程度上使我們的工業復興步伐放緩了。我並不是淡化這類衝突給雇主、工人和普通民眾所帶來的損失。但是，我要指出的是，在此期間勞工糾紛的激烈程度，是有史以來最嚴重的。

當我國的商界人士正要求享有盡可能將自己組織起來，以推進其合法利益的權利，農民們也要求在法律上給予他們爲了共同的進步，將自己組織起來的機會與權利，此時工人們依據《全國工業復興法》第七條A款的規定⑧，尋求使自己組織起來進行集體談判的憲法權利得到保障，就是很自然的事情了。

聯邦政府組建的機構，爲此提供了一些調整的方法，雇主和工人都沒有能充分利用，他們因此都應受到譴責。有些雇主討厭中立的調停機構，有些否認工人有組織起來的自由，而有些雇主則沒有竭盡全力，和平地解決其糾紛，這些人都沒能全力支持聯邦政府的復興措施。同樣，那些討厭這些中立的調停機構，拒絕在辦公室達到其目標的工人，也沒有與他們的聯邦政府進行通力合作。

是採取鮮明措施，以使勞資雙方達成聯合行動的時候了。這是全國工業復興法的最高目標之一。我們已經進行了一年多的教育工作，我們已經逐步建立起各種聯邦政府部門，以便在必要時確保總體上的工業和平局面。當人們的自願談判行動沒能達成必要的協定時，都可以公正地利用這些機構。

至少應該對這些結束工業衝突的措施，進行完全公平的檢驗。透過這種辦法，應能確保雇主、工人和消費者的利益，即所有的行動都是爲了我國企業的持久和平與安寧。

爲此，我將在下個月和眞正代表大企業主以及大型有組織勞工團體的各個團體進行磋商，以期他們在我所描繪的工業和平的具體檢驗期內進行合作。

我希望在建設的和平時期得到願意參加此一活動人士的合作，希望他們做出保證、遵守協定。這有賴於多方的共同努力。根據這些協定，我們可以就工資水準、工時數量以及工作環境等問題做出決策。今後的調整工作將依據協議進行。如果未達成協定，將由州或聯邦機構進行調停或仲裁。我並非要讓雇主或工人永遠放棄使用工業戰爭的各種武器。但我想讓勞資雙方，都對調整其觀點和利益衝突的和平方法進行公平的檢驗，並在一定的時間內採取適當措施，使我們的工業文明發揚光大。

與《全國復興法》緊密相關的，是同樣在該法中規定的公共工程計畫⑨。該計畫的目標，是讓更多的人直接在公共工程中、並在爲公共工程提供原料的工業部門中，接得到工作機會。

有些人認爲我們在公共工程和其他復興專案上的開支是種浪費，甚至認爲我們難以負擔。我對此的答覆是，不論多麼富有的國家，都承受不起其人力資源的浪費。由大規模失業引發的士氣消沉，是文明最嚴重的浪費行爲。從精神層面講，這是文明社會的最大威脅。

有些人試圖告訴我說，我們必須接受這樣的事實：正像其他國家十多年來的情形一樣，未來我國將長期擁有數百萬失業者。那些國家需要怎樣的情形，這不是我要負責決定的事情。但對我們國家來說，我無論如何也不會接受，把未來我們要長期維持一個失業大軍的存在，作爲國家盛衰必要條件。相反的，我們不僅不能容忍失業大軍的存在，而且將盡我們所能，迅速地動員全國經濟部門的力量，來結束目前的失業狀況，並採取明智的措施防止其反彈。我們必須使這些成爲國家原則，我並不想承認，長期靠救濟過活是任何美國人的宿命。

有些人——幸虧只是少數幾個人——被人們的勇敢精神和做決策的責任嚇得要命。他們抱怨說，我們做的一切都是徒勞的，註定要冒巨大的風險。既然這幫人才從防風地窖中爬出來，他們也就不記得曾經有暴風雨存在。他們轉向了英國。他們會跟大家說，英國靠著無爲而治的政策，從大蕭條中解脫出來。英國和我們國家各有自己的特殊性，但我並不認爲有哪位明智的觀察家，會在當前的緊急形勢下，對英國採取的非常措施提出譴責。

英國眞的聽天由命了嗎？沒有。當英國黃金儲備受到威脅時，它維持住了金價標準了嗎？沒有。英國回歸到了現在的金價標準了嗎？沒有。英國按5%的利率，動用其一百億美元的戰爭券，以便能以3.5%的利率發行新的戰爭券，藉此來挽救英國財政部每年一．五億美元的利息時，猶豫不決了嗎？沒有。更不用說英國銀行家提供的援助了。一九〇九年戰爭以來，大不列顛王國在社會保障的許多方面，不是比美國走得更遠了嗎？在以集體談判爲基礎的勞資關係方面，英國不是已經比美國取得了更長足的進步了嗎？英國媒體不無諷刺地告訴我們，我們的新政計畫在許多方面，只不過是企圖趕上英國十年前或者更早以前所進行的改革步伐。

幾乎所有的美國人，都有自己的判斷力，都很冷靜。有關我們的某些復興、救濟和改革的措施，被可怕地宣佈爲違憲的消息，既沒有使我們變得多麼興奮，也沒有打破我們心靈的平靜，不論我們是雇主、工人或者農民。我們沒有被反動的律師或政治名嘴所嚇倒。所有這些喊叫，我們以前都曾聽到過。二十一年前，當希歐多爾．羅斯福和伍德羅．威爾遜⑩想要糾正我們國家權力的濫用問題時，偉大的首席大法官懷特⑪說到：

似乎對我來說，每當與平常的行爲習慣發生牴觸的事情出現時，就總是莫名其妙地會將憲法作爲一種防禦手段。這樣造成了一種普遍印象，認爲憲法只是進步的障礙，而不是取得眞正進步的陽光大道。此刻，巨大的危險也就來臨了。

在採取措施實現復興時，我們一方面避開了這樣的論調，即認爲應該而且必須將企業納入包羅萬象的聯邦政府中去；另一方面，我們也避開了一種同樣站不住腳的論調，即當私營企業需要幫助時，我們所提供的幫助，是對自由的干涉。我們所進行的事業，符合美國政府實踐以下目標：逐步採取行動，立法措施僅是爲了滿足實際需要，並鼓勵人們接受變革。我相信亞伯拉罕．林肯⑫說的話，「聯邦政府的立法目的，是爲全體公民做任何他們本來需要做但做不到，或依靠其一己之力無法做好的任何事情。」

我並不想重複自由的定義。許多年來，一個自由的民族正被以自由的名義，逐漸地納入少數特權人物的統治之下。我樂意，我相信你們也更樂意接受一個更廣義的關於自由的定義。據此，我們正朝著使每個人都享有美國有史以來更多自由、更多安全的方向邁進。

注釋：

①伊萊休·魯特（Elihu Root，一八四五～一九三七），美國政治家，曾任國務卿等職，一九一二年獲諾貝爾和平獎。

②指《格拉斯——斯蒂高爾銀行法》，羅斯福於一九三四年六月六日簽署。該法旨在防止銀行利用存款或聯儲系統的資金進行投機，規定商業銀行必須與其下屬的證券機構脱鉤，且不得經營投資銀行業務。

③《證券法》（The Securities Act）是羅斯福於一九三三年五月二十七日簽署的、規範證券市場的法律。此法規定公司發行新證券，必須在聯邦委員會登記，並提交保證真實的有關新證券的詳細報告，故此法亦有「證券真實」法案之稱。

④《證券交易法》（The Securities Exchange Act）是羅斯福於一九三四年六月六日簽署的法律。該法旨在規範證券交易活動、防止營私舞弊等。但該法並未規定具體交易規則，而是規定建立一個超黨派的獨立證券交易委員會（成員由總統任命），授權這一委員會對交易活動進行具體

規範。

⑤富蘭克林是美國開國三傑之一，也是發明家。他所著《窮理查曆書》充滿哲理格言，勤勞是其推崇的理念之一。

⑥國家復興局（National Recovery Administration）是依據《全國復興法》成立的政府機構，一九三三年六月二十日成立，休．詹森任局長。一九三四年九月二十七日成立包括資方、勞方和公眾代表組成的全國工業復興委員會，代替詹森領導的國家復興局。一九三五年五月二十七日，由於最高法院判定《工業復興法》違憲，該局撤銷。

⑦指擔任國家復興局局長的休．詹森，他曾當過騎兵。

⑧此款即著名的「勞工條款」，規定勞工有組織工會和通過自己選出的代表，進行集體談判的權利；雇主及其代理人不得對勞工代表的產生進行干預、限制和施加壓力；雇主不得以參加公司工會作為雇用勞工的條件，也不得拒絕雇用參加、組織或幫助過自己選擇的勞動組織的工人。

⑨《全國工業復興法》第二部規定，設立公共工程局，撥款三十三億美元建設公路、堤壩、聯邦建築、海軍基地及其他工程。此舉對刺激經濟起了一定的作用，對美國基本建設事業的長遠貢獻尤其突出。

⑩伍德羅．威爾遜（Woodrow Wilson，一八五六～一九二四），美國第二十八任總統。他與希歐多爾．羅斯福在一九一二年大選中，都提出了限制利益集團權力濫用的主張。就任總統後，

他簽署了反托拉斯法。

⑪懷特（Edward White，?～一九二一），美國大法官（一八一四～一九一〇）。一九一〇年時，被塔虎脫打破常規任命為首席大法官。

⑫亞伯拉罕．林肯（Abraham Lincoln，一八〇九～一八六五），美國第十六任總統，在任期間維護了國家統一、廢除了奴隸制度。

7 談工程救濟計畫

——一九三五年四月二十八日，星期日

這篇有關救濟工作的談話，實際上有兩個部分。前半段主要談救濟，即工程救濟計畫以及《社會保障法》。羅斯福的「以工代賑」救濟計畫成就顯著，影響深遠。後半段談保持商業發展的措施，談到了三部法案。這些法案或多或少都在國會遇到了一些麻煩，羅斯福希望透過談話獲得民眾的支持，因此他說，「這些措施是我根據自己的憲法職責向國會建議的計畫」，而「在全面的國家計畫中，這些因素必不可少」。

自從去年一月四日向國會提交了我的年度諮文後，我就一直沒有透過廣播和公眾交談過。自那之後的多個星期以來，爲了我們國家的福祉，國會因致力於制定所必須的各種法律而辛勤工作。這項工作已經並正在取得明顯進展。

但是，在我談及任何具體的措施前，我希望各位心裏明白一件事情。我們的政府和國會在這項任務中，並不是各自爲政的。我們所採取的每個步驟，都和其他步驟有著明確的關係。從某種意義上講，爲國家事務制定計劃的工作好比建造一條船，他們在我經常參觀的港口定點建造了適於遠航的大型船隻。當這些船隻正值建造過程中，鋼結構被置於船的龍骨中時，那些對船舶一無

所知的人，很難說出這些船在深海航行時會是怎樣一番風采。

有些人或許會感到困惑不解，但正是這些組成這條船的一個個具體的構件，最終爲人類造就了這一有用的設備。國家政策的制定與此同理。三年間，我國的目標已經發生了重大的變化，在此之前，個人的自我利益和集團的自私自利，在公眾思維中佔有重要地位，公眾利益受到漠視。

歷時三年的艱苦思索，已經改變了這種狀況。由於越來越多人的思維更加清晰、對此的理解更加深刻，他們現在更願意從全局，而不是從與一個地區、一種農作物、一種產業或是一份私有工作崗位相關的單個部分來考慮問題。這是民主原則的巨大進步。

全國絕大多數人，都能從他們所聽到的、所看到的事情中明辨是非。他們懂得美國的重建不可能一蹴而就，但是即便有少數人想渾水摸魚，重建工作也在進行當中。總體上說，美國人的感覺正一天天好起來——他們比許多許多年前更能感到幸福與歡樂。

華盛頓是世界上最難獲得美國整體性看法的地方。我的腦海中時常浮現出威爾遜總統的話，「許多來到華盛頓的人，並不瞭解事情的眞實情形，而瞭解美國人民所思所想的人卻寥寥無幾。」這就是我爲什麼有時候要將行動計畫放幾天，而跑去釣釣魚①，或者回到海德公園的家看看的原因。因爲這樣我就能有機會平心靜氣地考慮一下美國的總體情形。

像他們所說的，「遠離了一棵棵樹木，方可看到整個森林。」從長遠角度對美國進行思考的責任，有著特殊的意義，這是各位選我做總統時就賦予的職責。大家是否曾經靜心地想到，在美國畢竟只有兩個職位，是由全體選民投票選舉產生的——總統和副總統。這使得副總統和我本人，從整個美國的角度來思考我們所承擔的責任，變得特別必要。因此，我今晚就向全體美國人民說說我對全體美國人的看法。

首先，我來談談實現國會剛剛通過的大型工程計畫的目標問題。該計畫的第一個目標，是將現在還靠救濟過活的男人和婦女送上工作崗位，順便在物質上，給已經確定無誤而向復興進軍的運動提供支援。我不會讓我的討論被一大堆數字混淆。

人們引用了很多數字來證明很多事情。有時候依據你所讀到的報紙和收聽到的廣播來這麼做。因此，我們在討論失業問題時，心裏應明確兩三個簡單卻必不可少的事實。當商業和工業的日子的確更好過的時候，還有大量人口需要救濟。這是事實。但是，五年來等待救濟的人數，在今年冬天這幾個月不升反降也是頭一回。這個數字仍在下降。一個簡單的事實是，與兩年前或一年前的今天相比，又有好幾百萬人獲得了自己的工作；過去的每一天，都給那些想要工作的人，帶來了更多的工作機會。

雖然像所有其他國家一樣，美國的失業問題依然很嚴重，但是我們已經意識到有可能也有必要採取一些有益的補救措施。這些措施分爲兩類。一方面是採取預防措施來緩解、最大限度地減少並防止將來出現失業情況；另一方面是在當前的緊急形勢下，採取切實可行的方法，幫助那些失業的人們。

我們的《社會保障法》②，就是要試圖解決第一類問題，而我們的工程救濟計畫③針對的則是第二類問題。

目前正在國會表決的社會保障計畫④，是聯邦政府未來失業政策不可或缺的組成部分。我們當前和擬議中用於工程救濟的開支，完全在我國信貸資源的合理限度之內。顯然我們不能年復一年地繼續爲達此目的而擴大聯邦政府的支出。我們現在必須未雨綢繆。這也就是社會保障計畫成爲我們整個計畫重要部分的由來。該計畫希望通過養老金，來幫助那些已經到了退休年齡而放棄工作的人們。這樣一來，當這些人步入老年時，他們就給了年輕一代更多的就業機會，並給所有人一種安全感。

立法中關於失業保險的規定，不僅有助於保證每個人將來一旦失業，不必依賴救濟過活，而且將有助於透過保持人們的購買力，來緩解經濟困境帶來的衝擊。失業保險的另一個有助益的特徵是，他將鼓勵雇主進行周密的安排，以便透過穩定就業形勢來防止失業。

但是，社會保障方面的規定，是爲將來提供保障的。解決失業問題，是我們當前最緊迫的職責。國會通過美國歷史上最有系統的工作計畫，滿足了我們的職責需要。我們的問題是讓三百五十萬現在仍然靠救濟生活、但有工作能力的人去工作。私營企業和聯邦政府對此都擔負著同樣的責任。

爲了使聯邦政府龐大的工程救濟計畫付諸實施，我們必須分秒必爭。我們完全有理由相信，該計畫到今年秋天將初具雛形。爲了指導該計畫的落實，我提出六項基本原則：

1.計畫應當有用。

2.計畫的實質應當是：所花費的大部分資金，將用來支付工人的工資。

3.那些承諾把絕大部分資金返還給財政部的計畫，將優先予以考慮。

4.撥付給每一個專案的經費，必須儘快在當年花掉，不得留到下一年。

5.給靠救濟過活的人們工作機會，是這些計畫的一貫特點。

6.這些專案，將按照各地方或救濟地區所擁有的受助工人數量予以分配。

下面我將明確說明我們將如何指導這項工作。

1.我已經成立了應用與資訊處，該處將對所有的開支計畫進行初步研究和考察。

2.這些專案經應用與資訊處詳細審核後，將送交調配處。該處由專門負責開展工程救濟專案的主要政府部門代表所組成。該處還應包括各市、勞工、農業、銀行業和工業的代表。這個處將對提交上來的所有動議進行審查。那些獲得批准的項目，將被提交給總統。總統有權依據該法進行最終的分配決策。

3.下一步將是通知負責該計畫的聯邦政府部門，同時還將通報我正在創建的另一個處——執行處。該處將負責協調原材料和物資的購買，並將那些已經獲得工作的人，從救濟名單中刪除。它還負責決定不同地方的工作報酬，負責充分利用現有的就業服務機構，以及幫助需要救濟的人，一旦有機會就盡可能快速地回到各自的工作崗位上去。還有，該處還負有保證這些項目按時間表推進的職責。

4.我覺得必須盡可能明智而審慎地，避免設立新的機構來監督這項工作。聯邦政府目前至少有六十個不同的部門，負責開展兩百五十或三百種即將進行的工作。這些部門人員的條件、閱歷和能力都符合我們的要求。因此，這些部門將只是在更大的範圍內，從事著他們一直在做的同類工作。這將確保把撥付的資金用於創造新的工作，而不是用於我們在華盛頓所組建的臃腫、高高在上的政府部門。

數月來，準備工作一直在進行之中，對可行專案的資金撥付工作已經開始了。

負責這項偉大任務的關鍵人物，也已經選拔出來。我清醒地意識到，我國在今年年底前，有希望看到像他們所說的實施這項工程「大興土木」的場面。我向我的同胞們保證，我們將不遺餘力地，將這項資金有效地用於對抗失業問題之上。

我們要對全國人民負責，這是一次偉大的國家遠征。它旨在摧毀強迫性賦閑的現象。這種現象是由大蕭條所引起的人類精神敵人。我們對於這些敵人的進攻必須不惜血本、一視同仁，不允許任何地方性的、政治性的差別存在。

但是，我們必須看到，當具有這一特徵的企業遍佈全國三千多個縣時，效率低下、管理不善和濫用資金的情形可能時有發生。當然，當這類事情發生時，總會有人試圖和你們說，個別失敗是整體成功的特徵。我們應該記住，每一項重大任務都有瑕疵。每個階層都有挖牆腳的人；每個部門都有人因不公平的做法而獲罪；每個職業都有害群之馬。但在聯邦政府的長期實踐中教會我懂得，與幾乎所有其他行業相比，聯邦政府中個別不道德行爲的情形是最少的。

防止在工程救濟計畫中出現此類惡行的最有效方法，是美國人民自己的內部監督。我呼籲各地的美國同胞與我進行合作，使工程救濟計畫成爲世界上有史以來，最高效、最純潔的公共事業的典範。

是給那些憤世嫉俗的人一個響亮回答的時候了。

這些人認爲，民主制度不可能是誠實高效的。如果你們肯幫忙，就能做到。因此，我希望大家在全國的每個角落，對這項工程進行監督。自由地進行批評。告訴我們哪些工作可以做得更好；或者告訴我哪些工作還存在不當之處。你我都不想聽到吹毛求疵、心懷叵測的批評；但是我妒忌你們每位公民，因爲你們有權關注聯邦政府的行爲，有權看看它是如何爲了美國人民的利益，去更有效地花費這筆公共資金的。

朋友們，我下面來談談國會正在審議的其他事項。國會正在考慮制定許多實施經濟與社會重建計畫的措施。

兩年來，我們一直關注著這些措施，今晚我僅舉這些措施中的幾個爲例，不過，大家可不要把這理解成我對其他許多重要擬議中的提議缺乏興趣或不予同意。

《全國工業復興法》將於六月十六日到期⑤。經過認眞考慮，我已經要求國會延長這一卓有成效的聯邦政府機構的限期。當我們繼續讓依據《全國工業復興法》設立的國家復興局履行其職責時，我們一次次地找到了更多推進其目標實現的途徑。任何有良知的人，都不想放棄我們目前所取得的成就。我們必須繼續保護兒童、實施最低工資制度、防止超長勞動時間，維護、界定並落實集體談判制度、並在保持公平競爭的條件下，盡我們所能消除各種不公平的經營活動。不幸的是，少數自私自利者從事的這些活動，是造成當前經濟形勢崩潰的最主要因素。

同樣，國會也在就取消公共事業領域不必要控股公司的立法⑥進行表決。

我認爲這項立法是一項積極的復興措施。我國的電力生產，已經達到一九二九年的最高水準。煤氣和電業領域的合作公司，總體上說狀態良好。但是在控股公司的控制下，公共企業內部長期以來，一直進行著令人絕望的內鬥，並和公眾的意見發生衝突。

在我就職前，公共事業安全性在整體上就已經呈現下降趨勢。不必要的控股公司控制的缺席管理模式，已經和他們所要服務的社區脫離，失去社會的支持。更加重要的是，過分集中的經濟權力使整個美國都感到不安。

消費者沒有信心，公眾不滿意，這樣的企業對投資者來說，隨著時間的推移，必定存在風險。這項法律將從投資者的利益出發，結束引起人們缺乏信心和諸多不滿的局面。它將把公共事業經營企業的未來，無論是公共關係還是內部關係，都置於可靠的基礎之上。

這項法律不但要落實將來向消費者提供更便宜的電和煤氣，而且要保護目前投資者所擁有的資產之實際價值與盈利能力。這些投資者在舊法律下，幾乎無法抗拒過去所謂的激情金融政策的侵害。

實施改善我國交通運輸部門地位的法律，不但對商業的復興，而且對整個美國經濟的復興，都將起到巨大的推動作用。我們要制定法律，規範州際間公共汽車、卡車和水路的運輸，加強對商船、空運業的管理，加強對州際商務委員會的職能，使之能夠制定出一套完整的國家交通運輸體系的理論框架，據此，既要保證私營企業的利益，又要將這些重要服務業的公共安全，置於公眾的聯邦政府保護之下。

最後一點，作爲一個國家，我們採取各種措施，以重新建立公眾對於私有銀行的信心，其最有助益的結果之一，是重建了公眾對於國家銀行的信心。我們都知道，私營銀行實際是依靠全國人民的發言人——聯邦政府的許可而存在，並受到聯邦政府的管理。可是，明智的公共政策要求銀行不僅是安全可靠的，而且其資源能最大限度地用於國家的經濟生活。

爲達此目的，我們二十多年前就斷定，聯邦政府要承擔起提供某種途徑的責任。據此，國家的信用不是要受控於少數幾個私營銀行機構，而是掌握在具有公共信譽與權力的機構手中。滿足此要求的就是聯邦儲備制度。這項制度二十年來的運行實踐顯示，當初重建這一制度是英明的，但這二十年的實踐也顯示的確有對其加以改善的必要。希望國會迅速通過旨在修正《聯邦儲備法》的那些提案⑦。這些修正案是依據過去的實踐和當前的需要，對我們的聯邦儲備法進行最小幅度、明智的再調整。

在很大程度上，我所提到的這些措施，就是我根據自己的憲法職責向國會建議的計畫。在全面的國家復興計畫中，這些因素必不可少。這些措施通過對國家生活中的各種因素，進行了充分而理性的調整，並明智地規定要保護弱勢群體，免受強勢群體的侵害，從而豐富我國國民的生活。

一九三三年三月就職至今，我最眞切地感受到復興的氛圍。但這不僅僅是我們個人生活物質基礎的恢復，而且是對我們民主進程與制度的信心得以恢復。我們已經克服了一次經濟大災難的艱難險阻，和重大國家經濟問題的威脅。在我們國家最黑暗的那些月份裏，我們經受住了考驗，並對掌控我們自己命運的能力充滿信心。在各個方面，恐懼正在消失，而信心正在逐步恢復。人類極有可能靠政府的民主形式，改善其物質與精神狀況，這種信念獲得了新生。這種信念正獲得應有的回報。爲此，我們要感謝上帝對美國的佑護。

注釋：

①羅斯福愛好廣泛，打獵、滑冰、集郵、釣魚均為其所酷愛。由於身體的原因，他任總統期間主要集中於後兩者，忙裏偷閒，不僅發展了愛好，對工作也大有助益。二戰期間，在為戰爭絞

盡腦汁而一籌莫展時，他就去白宮他自己那間很小的集郵室，從那裏出來不久，問題即豁然貫通。

②一九三五年一月十七日，羅斯福在致國會的諮文中，提出社會保障立法的建議。一九三五年八月，國會通過《社會保障法》。該法規定實行聯邦——州失業保險聯合體制，向雇主強制性徵收聯邦失業保險稅。

③工程救濟計畫（Works Relief Program）是羅斯福政府為救濟失業者而推行的計畫，即雇用聯邦救濟名冊上的人，參與政府興辦的救濟工程，領取低於一般工資標準的工資。這是一種典型的「以工代賑」計畫。

④為使失業者和老年人的生活得到保障，羅斯福於一九三四年成立經濟保障委員會，草擬社會保障計畫。該計畫最終形成了一個由各州直接徵收失業保險基金，並由各州自行管理的聯邦——州聯合失業保障體系。

⑤《全國工業復興法》的時效為兩年，一九三三年六月十六日簽署生效，故於一九三五年六月十六日到期。

⑥此處的「立法」指《公用事業控股公司法》。當時美國公用事業由凌駕於經營公司之上的少數控股公司壟斷，它們很少對經營公司進行真正的投資，卻大大加重了經營公司的成本、降低了效率，而且極盡掠奪、謀利之能事。為此，一九三四年夏天，羅斯福任命了一個國家動力委員

會，調查研究控股公司。一九三五年三月，研究報告提交國會，並委派專人起草相關法律。由於草案有強制控股公司解散提不出存在理由的「死刑條款」，此法案在國會表決時一波三折。羅斯福被迫讓步，八月二十八日簽署了刪除「死刑條款」的法案。

⑦美國《聯邦儲備法》是一九一三年制定的。由於其中對組織權力結構規定不明確，華盛頓的聯邦儲備委員會沒有實權，各地儲備銀行則可以對貨幣供給等施加實質影響。一九三四年十一月，羅斯福任命馬里納爾·伊克爾斯為聯儲委員會主任，起草新的銀行法案。一九三五年中，眾參兩院先後通過該法案。八月二十四日，羅斯福簽署生效。這部新的銀行法，使聯邦儲備體系理事會掌握了貨幣政策的三大工具，即公開市場業務、準備率、貼現率，成為美國現代銀行體系最終確立的重要標誌。

8 談乾旱的形勢

——一九三六年九月六日，星期日

這篇談話從乾旱的形勢切入，重點談的是農業。羅斯福一直十分關注農產品價格，他希望農業限產增收，是農民有較好較高的工業產品購買力，促進工農業的和諧發展。為此，他主張政府拿出資金來賑濟旱災，同時重點扶持來年生產、加強水土保持和農田水利等基礎建設。之後，談話轉入了就業問題，因為這（城市居民因就業而獲得的工資）是「馱著美國前進的兩條大隊之一」（另一條是農民的購買力）。在向民眾祝賀第二天的勞動節時，羅斯福又簡略的闡明了一些重要問題：「勞動關係應當是一種自由人之間的平等關係」，「勞動與財產享有同等的尊嚴」。

我最近進行了一次考察旅行。

我首先直接考察了各乾旱州的形勢，去看看聯邦和地方各級機關，是如何高效地應對迫切的救濟問題。我也想瞭解他們下一步工作的打算，看看他們打算怎樣保護我國人民免受乾旱的影響。

我在九個州看到了乾旱造成的破壞。

許多家庭的麥苗枯死了、玉米苗不長了、家畜倒下了、水井裡打不到水了、花園裡不見了鮮花，直到整個夏天結束，都沒有一美元的現金入賬，冬天將缺乏食物。他們面對的是一個沒有種子可以播撒到田地裏的耕種季節。

我和這些家庭進行了交談。

這是些極端的例子，但是在西部的農場，卻有成千上萬個家庭面臨著同樣的困難。

我看到養牛人由於沒有草和冬季飼料，已經被迫將所有的牛都賣掉，只留下了種牛。他們在即將到來的這個冬天，甚至還要靠援助才能養活這些種牛。我看到牲畜能活下來，僅僅是因爲人們長途跋涉，用水罐車運水給它們解渴。我還看到其他的農戶，他們沒有受到任何損失，但是這些農戶如果還想要在明年春天繼續從事農業生產的話，就必須得到某種形式的援助，因爲他們只收穫了部分莊稼。

我絕不會忘記因過分乾熱而無法進行收穫的枯萎麥田。我絕不會忘記那一塊接一塊的玉米地，那裏的玉米秧長得又矮又小，既不見玉米穗，也不見葉子，因爲都讓蝗蟲給吃了。我看到了一塊塊褐色的牧場，在那裏，五十英畝的草場甚至都養不活一頭牛。

但是，我絕對不想讓你們認爲，在這些乾旱地區只有永久的災難，或者認爲我所看到的情景，會使這些地區的人口減少。地球不會破碎，太陽不會讓人酷熱難耐，風不會燃燒起來，那些蝗蟲也不能和不屈不撓的美國農場主、牧場主和他們的妻兒相抗衡。他們已經熬過了令人絕望的日子，並用他們的自立、堅忍不拔和勇氣，鼓舞著我們大家。創造家園是他們父輩們的任務，保持這些家園則是他們的任務，至於我們的任務是幫助他們戰勝災難。

首先，我花幾分鐘時間談談這個夏天和即將來臨的冬天。

對那些需要活下去的家庭來說，我們有兩個選擇：給他們發放救濟金，或送他們去工作。他們不想靠救濟金過活，他們百分之一千地正確。因此，我們必須送他們去工作，去賺一份體面的工資。我們做出這種決策是做到了一舉兩得，因爲這些家庭可以透過工作賺得足夠的錢，不僅能使自己活下來，還能給他們的家畜買飼料，和買用於明年春天進行耕作的種子。當然，政府貸款機構將參與這項計畫，它們明年將像過去一樣，用生產貸款提供幫助。

我與之交談過的每一位州長，都完全贊同這項給這類農業家庭提供工作的計畫，正如他們同意各州照顧好那些找不到工作的人一樣。但他們同時認爲，聯邦政府必須承擔雇用那些有能力並願意工作者的費用。

如果那時，就像今天一樣，我們能掌握從現在直到整個冬天都需要某種形式工作救濟的農業家庭數量，那麼我們所面對的問題是，他們應該做哪種工作。我要明確指出的是，這不是什麼新鮮的問題，因爲在每個乾旱的社區，這個問題都在某些程度上得以解決。從一九三四年開始，每當我們遇到重大旱情時，州和聯邦政府都會合作制定出眾多計畫，其中許多計畫針對的目標，都是緩解未來的旱情。按著這個計畫，數千個池塘或小水庫得以建成，目的都是爲牲畜供水，提高地下水位以防止水井乾涸。數千眼水井打了出來，或者被加深；建造了很多社區湖泊，農田水利規劃也在推進當中。

由於這次新旱情的出現，我們正將透過這類方法，進行水資源保持的工作推廣到整個大平原地區、西部的玉米帶和位於我國更南部的各州。在中西部，水資源保持工作不那麼迫切。在那裏，工程計畫更多地考慮控制土壤浸蝕，並建設從農場通往市場的道路。

這種開銷不是浪費。如果我們現在不肯在這類事情上投資，那就預示著將來的浪費。這些緊急工程計畫提供資金，去買用來過冬的食品和衣物；它們使農場的牲畜存活下來；它們爲新的農作物帶來了種子；更重要的是，這些計畫將來會使那些經常受到乾旱襲擊的地區水土得以保持。

比如，如果某些地區的地下水位繼續下降，而表層土繼續流失，土地的價值將隨著水土的流失而消失。生活在農場的人們，將流入附近的城市；城市中將不再有農業貿易活動，城市工廠和商店裏的工人將丟掉工作。城市裏的資產價值將下降。另一方面，如果位於那個地區之內的各個農場，依然是水土保持較好的農場，農業人口就會留在這片土地上發展繁榮，而附近的城市也會繁榮昌盛。資產價值將會提高而不是消失。

作爲一個國家，這就是值得我們爲了省錢而去花錢的原因。

我僅將自己的論點用於一方面來說明問題，但這個觀點對於整個美國也同樣適用。

位於乾旱地區的各州，正在和位於乾旱地區之外的各州做生意，而且將來也會一直做下去。在紐約州製衣廠工作的男男女女——生產著農民和他們家人穿的衣服——匹茲堡鋼鐵廠、底特律的汽車廠以及伊利諾州收割機廠工人們的生存，恰恰是依賴農民購買他們所生產的日用品的能力。同樣的，正是這些城市工人們的購買力，保證他們和他們的妻子兒女們能夠吃到更多的牛排、更多豬肉、更多小麥，更多玉米、更多水果和更多乳製品、買更多棉、毛和皮質衣服。從物質、財產和精神的意義上講，我們是你中有我，我中有你。

我想明確指出，在整個乾旱地區，解決乾旱問題沒有什麼靈丹妙藥可用。計畫必須依賴當地的條件來制定，因爲這些條件隨著年降雨量、土壤特徵、海拔高度和地形的不同而不同。在一個縣採用的水土保持方法，或許和接壤的另一個縣就會不同。在牛羊養殖地區進行的工作，在種類上就與在小麥產區或玉米帶所進行的工作不同。

大平原乾旱區委員會①已經將該地區長期規劃的初步設想報告交給了我。以那個報告爲基礎，我們正成功地進行著合作，並得到了各位州長和州規劃委員會的鼎力支持。隨著我們將這項計畫付諸實施，人們將會越來越能夠確保自己安全的生活在這塊土地上。這將意味著聯邦政府和各州政府在旱災發生時，不得不承擔的救濟負擔會穩步減輕；但更重要的是，這還意味著受乾旱襲擊的這些地區，會對整個國家的繁榮做出更大的貢獻。這將使財產價值和人類價值，都得到保持與提高。乾旱地區的人們，並不想依賴聯邦政府、州政府，或其他任何形式的慈善團體。他們想要給他們自己及其家人，爭取一個靠自己努力、平等地分享美國進步的機會。

在農產品價格和工業品價格之間保持公平的平衡，一直是擺在我們面前的目標，就好像哪怕是在糟糕的年頭，我們也總要考慮我國的食物供給是否充足一樣。我們的現代文明，能夠也應該想出一個更行之有效的方法，來將豐年過剩的糧食保存下來，留待荒年使用。

在我旅行期間，那些聯邦、州和地方政府部門的總體效率，給我留下了非常深刻的印象。這些政府部門，是爲應對旱情造成的緊迫任務而進駐這些地區的。

一九三四年時，我們誰都沒有準備；我們盲目工作，因缺乏經驗而犯錯誤。事後諸葛亮向我們展示了這一切。但隨著時間的流逝，我們所犯的錯誤越來越少了。

記住：聯邦和各州政府只進行宏觀的規劃。具體專案的實際工作，還要靠當地的社區去做。地方資訊列舉了各種地方的需求。地方的項目只有獲得了當地社區的建議和幫助後，才能確定下來。這些人最有資格提供建議和幫助了。還有件值得一提的事是，在我的整個旅行過程中，雖然數十次提出這個問題，但沒有聽到針對任何一項工程救濟專案性質的任何怨言。

各州的當選領導、州政府官員以及來自農學院和州規劃委員會的專家們，配合並贊同這項聯邦政府領頭的工作。我也要謝謝這些州的男人和婦女們，他們在當地的工作中服從領導、齊心協力。

在乾旱地區，人們勇於採用新方法應對自然界的變化，並糾正過去的錯誤。如果過度放牧已破壞了山地，他們就樂呵呵地減少放牧。如果哪塊麥田不得不退耕爲草場，他們就高興地予以合作。如果應當植樹以防風固沙，他們就與我們一道工作。如果需要修建梯田、實行夏季休耕或進行輪作，他們就不折不扣的執行。他們心甘情願地去適應自然界的運行規律，而不是去抗拒這種規律。

我們正在並將繼續幫助農民，在地方土地保持委員會和其他合作性的地方、州和聯邦政府部門的協助下做到這些事情。

今晚我沒有時間去談論其他更具體的農業政策了。

由於有了這些出色的援助，我們正在克服當前的緊急問題。我們要保持土壤、保持水源、保持生命的存活。我們要長期抵禦低價和乾旱。我們要制定一項惠及整個美國的農業政策，那是我們未來的希望。

在結束談話前，我要再談談就業問題。這有兩個原因。明天就是勞動節了，數百萬勞動人民面對蕭條時戰勝困難、勇往直前，值得尊敬和欽佩。就像乾旱地區的農民戰勝困難值得我們尊敬和欽佩一樣。

這是我的第一個理由。

第二個理由是，作爲國家繁榮昌盛的支柱，健全的就業環境和健康的農業環境同等重要。基於公平工資的可靠就業形勢，對於城鎮居民的重要性，等同於農業收入對於農業發展的重要性。

我們的同胞必須擁有購買工業產品和農業產品的能力。這樣說來，城市居民的工資與農民的購買力，就是兩條馱著美國前進的大腿。

工業部門的再就業工作，正在迅速推進。政府開支的主要職責，是保持工業的運轉，並使再就業成爲可能。政府訂單就是重工業的後盾；政府工資就是要成就消費者的購買力，並使社區中的每一位商人能夠堅持下來。商人連同他們的商業，不論其大小，都要得到拯救。這裏的情形無疑和遭遇旱災的農民情形一樣，政府開支節省了下來。

由於聯邦政府明智地花錢，對私營企業進行救助，這些企業正開始將工人從政府救濟計畫的名單中刪除。直到本屆政府就職前，我們僅在少數州和城市有零散的就業服務。由於沒有一致的就業服務，被迫隨著工業部門的遷移而遷移的工人們，經常爲了能找到工作而穿梭於美國各地，可是他們好像覺得，工作機會的移動速度，總比他們的速度快了一點點。他們經常成爲詐騙集團的犧牲品。事實上，他們自己和雇主都對就業機會的分配無能爲力。

一九三三年成立了聯邦就業服務署②。這是一個協調州與聯邦企業合作事宜的機構。透過這個機構，聯邦政府與各州政府共同投入資金，用於登記各項職缺的技術類別，並幫助那些已經登記的工人，在私營企業中找到工作。聯邦與州之間的合作是天衣無縫的。就業服務已經在三十二個州展開了，其他地區則由聯邦政府負責。

我們已經開展了全國性的服務工作，設有七百個地區辦公室，一千個分支辦公室，爲工人獲取就業資訊、雇主找到工人提供了管道。

去年春天，我表達了這些願望：雇主們要認識到自己肩負的重大責任，把失業者的名字從救濟名單中拿掉，並在私營企業中給他們工作機會。後來，許多雇主告訴我，他們拿到工人的技術和經驗方面的資訊，不能令他們滿意。八月二十五日，我向就業局撥付了一筆經費，用於獲取現在正積極在工程振興局③工作者更詳盡準確的資訊（包括他們的技術水準和以前從事的工作），並保證及時進行更新，盡量使各工業部門掌握這些資訊。今晚，我宣佈追加兩百五十萬美元撥款，以使聯邦就業服務署能夠比現在更加廣泛地，爲已登記的工人在私營企業中搜尋就業機會。

今晚，我要求工人們進行合作，並充分利用就業局提供的就業資訊。這並不意味著我們的工程振興局和公共工程局和其他工程救濟計畫會鬆懈下來。他們會繼續努力，直到所有工人都擁有自己的工作和體面的工資。

我們要對失業者負起我們的責任，我們已獲得充足的證據，表明聯邦政府、各州和地方政府中，代表美國民眾利益的人們，應該盡可能長久地履行其職責。這是美國民眾的意願。但是，這的確意味著，聯邦政府要利用其資源，爲那些目前還受雇於政府工程的人們，找到自己的工作，並將聯邦政府用於直接就業的開支數目縮減到最低。

今晚，我要求全國的雇主們，不論是大老闆還是小老闆，每當生意好轉，要雇用更多的工人時，都來利用州和聯邦就業局提供的幫助。

明天是勞動節。

在美國，勞動節從來都不是哪個階級的節日，勞動節一直是全國性節日。

作爲全國性節日，勞動節今天具有的意義，比以往任何時候都要重大。在其他國家，勞工關係或多或少成爲一種階級關係，無法跨越。在我們國家，我堅持認爲，作爲美國生活方式的必要組成部分，勞工關係應當是一種自由人之間的平等關係。我們不認爲體力或腦力勞動者與那些靠財產生活的人有何不同，或低人一等。我們堅持認爲勞動與財產享有同等的尊嚴。但是，體力和腦力勞動者因爲其勞動而值得受到更多的敬重。他們奉獻其勞動的機會要切實加以保護。他們勞動是爲了能過體面且生活水準不斷提高的美滿生活，並積攢些錢來應對生活中難以料想的變化。

如果我們希望避免階級意識社會在我國發展起來，那麼每個人都必須把握住這個雙重的機會。

有些人沒有讀懂時代的信號和美國歷史。他們試圖拒絕工人任何的集體談判、能過體面生活和謀求安全的有效權利。恰恰是這些鼠目寸光的人，而不是工人們的階級鬥爭觀念，威脅著美國的安全。在其他國家，階級鬥爭已經導致獨裁統治的建立，恐懼和怨恨成爲人類生活的主旋律。

所有的美國工人們，不論是腦力勞動者還是體力勞動者，還有我們這些剩下的人——我們的福祉是依賴工人而存在的——大家都知道，我們需要建立一個井然有序的經濟民主制度。人人都可從中獲益，人人都可免受那種錯誤的經濟導向的傷害。七年前，這種錯誤的經濟導向，把我們帶到了完全崩潰的邊緣。

白領工人與腦力勞動者之間、藝術家與工匠之間、音樂家與技師之間、律師與會計師、建築師和礦工之間，沒有不可逾越的鴻溝。

明天，勞動節是我們所有人的節日。明天，勞動節代表著所有美國人的希望。任何將勞動節稱爲階級節日的人，都是在向美國民主制度的信念挑戰。

七月四日是對政治自由的紀念。離開了經濟自由，這種政治自由實際上毫無意義。勞動節象徵著我們決心要爲每一個人爭取經濟自由，進而幫助他們獲得政治自由。

注釋：

①大平原乾旱區委員會（Great Plains Drought Area Committee），美國大平原地處內陸，位於洛磯山脈和密西西比河之間，乾旱少雨。二十世紀三十年代，該地區出現了嚴重的荒漠化，帶來了慘重的經濟損失。一九三六年，羅斯福授意成立大平原乾旱地區委員會，親自任命八名成員。該委員會制定了長期發展規劃《大平原的未來》，並推進了各項工作。

②聯邦就業服務署（United Sates Employment Service）乃根據《緊急救濟法》等相關法律成立的聯邦機構，在各州縣設有相應的辦公室。旨在進行崗位和就業登記等事務，為雇主和求職者搭起資訊平臺。

③為擺脫長期救濟導致消磨意志的弊端，根據一九三五年四月八日國會通過的《緊急救濟撥款法案》，五月六日羅斯福發佈行政命令，成立工程振興局，興辦大量工程項目，給聯邦救濟名冊上的失業者安排了工作。

9 談司法機構的重組

——一九三七年三月九日，星期二

「新政」從一開始就有反對意見，其中最大的阻力來自聯邦最高法院，它數度裁定「新政」法案違憲，這嚴重阻礙了「新政」的推行。於是，羅斯福宣示改組最高法院，此篇談話的中心話題即在於此。羅斯福在談話中批評了那些阻礙「新政」實施的保守派法官，同時提出了改組司法機構的具體建議。後來，羅斯福的提案雖然受阻，但到他去世前，仍舊先後任命八位大法官，促進了司法機構的改革。

上星期四，我詳細描述了我國目前面臨的某些經濟問題。對此，所有人都表示認同。那次談話後，我接到了很多信件，卻不可能一一回覆，只有說聲「謝謝各位」了。

今晚，我坐在白宮的辦公桌前，開始我第二個任期的首次廣播。

我想到了四年前的三月那個夜晚，我頭一次通過收音機向大家做彙報，那時我們正處於銀行業的大危機之中。

之後不久，遵照國會的授權，我要求全國人民將私人持有的黃金全部上交美國政府。

今天的復興證明那時的政策是何等的明智！

但是，在差不多兩年後，美國最高法院僅以五票對四票的表決結果，維持了該政策的憲法地位①。一票之差，就可能將我們這個偉大國家的各項事業重新推進絕望的深淵。實際上，四位大法官裁決道，按照私人契約原則，要求做合法但極不合理的事情之權利，比建立一個持久的國家這一憲法主要目標更加神聖而富有尊嚴。

一九三三年時，大家和我都知道，我們再也不能讓救濟體制完全脫節，也就是說，我們再也承受不起冒另一次風險的代價了。

我們也確信，避免暗無天日日子重演的惟一途徑，是建立一個有權威的政府，讓它去防止並處理權力濫用與不平的現象，這些現象是導致救濟制度出現脫節的罪魁禍首。

然後，我開始了一項處理權力濫用與不平的計畫，以使我們的經濟體制保持平衡與穩定，使之能抵禦造成一九二九年大危機的各種因素衝擊。

今天，我們只是局部地通過了該計畫，復興進度正快速發展到重現一九二九年危局的關節上，雖然或許不是這周或這個月，但也就是一兩年之內的事。

我們需要制定國家法律來完成此一計畫。個人的、地方的或各州的單獨行動在一九三七年已經不能像十年前那樣安全地保護我們了。

即使立法通過後，我們也需要時間，而且是大量時間來制定出補救措施。因此，爲了及時完成我們的保護計畫，我們必須毫不遲疑地授予聯邦政府執行此項計畫的權力。

四年前，我們等到第十一個小時才採取行動②，那幾乎已經太遲了。

如果我們曾從大危機中汲取了某些教訓的話，那就是我們不能允許自己再因為無謂的討論和爭鬥耽擱了作出決定的時間。

美國人民已經從大危機中汲取了教訓。因為在過去的三次全國選舉中，絕大多數人投票同意國會和總統啓動這項提供保護措施的任務——是現在，而不是等到幾年的漫長爭論之後！

但是，法院卻對我們的民選國會是否具有掌握社會經濟形勢、保護我們免受重大災難傷害的能力提出了疑問。

我們在推動那些保護措施的能力上面遇到了危機，這是悄然無聲的危機。在大門緊閉的銀行外沒有存款人的長隊，但從長遠看，這有可能對美國造成深遠的損害。

我想和大家非常簡略地談談我們在當前採取行動的必要性，我們需要迎接的是一場無聲的挑戰：整個國家有三分之一的人營養不良、衣衫襤褸、無家可歸！

上星期四，我將美國政府的運作描述為美國人民依據憲法所建造的三頭馬車，它們各行其道。當然，這三匹馬就是政府的三個部門——國會、行政部門和法院。今天，其中的兩匹馬相處和諧，而第三匹馬就不同了。那些宣稱美國總統試圖駕馭這個團隊的人忽略了這樣一個簡單的事實：總統作為最高行政長官，本身即是三匹馬中的一員。

恰恰是美國人民自己才是掌鞭之人，恰恰是美國人民自己要耕犁動起來。

恰恰是美國人民期望那第三匹馬能夠同另外兩匹馬和諧共處。

我希望大家在過去的這幾周裏已經複習過美國美國憲法，像讀《聖經》一樣，我們也應該不斷地讀一讀憲法。

如果大家還記得，憲法的創立是在美國獨立戰爭結束後，最初的十三個州試圖依據邦聯條例進行運作；但事實顯示，需要一個擁有足夠權力的政府來處理全國性問題，這樣，理解憲法就容易多了。

憲法的導言宣稱，它的目的是爲了建立更完善的聯邦，並促進公共福利；而我們可以將爲了實現這些目標而賦予的權力恰如其分地理解爲：這些權力指的是爲了應對每一個全國性問題，而這些問題單靠地方政府的力量無法解決。

但是，憲法的創立者立意更爲深遠。記住，接下來的幾代人中，很多做夢也想不到的問題將成爲全國性問題，憲法條文賦予國會強大而廣泛的權力，「徵稅權……提供美國共同防務和公共福利。」

朋友們，我們誠摯地認爲，這就是那些愛國人士明確而優先的目標。他們起草了一部聯邦憲法以創立一個擁有直接權力的全國性政府，其目的就像他們所表達的那樣，「爲我們自己和後代建立一個更完善的聯盟。」

在將近二十年的時間裏，美國國會和最高法院之間一直和睦相處，然後國會通過了一項法令，一八〇三年時，最高法院裁定該法令違憲。最高法院宣稱它有權宣佈該法令違憲，並且確實這樣公佈，但之後不久，最高法院自己又承認，它行使的是特別權力，並通過大法官華盛頓先生加以這樣的限制：「假如對其合法性予以支持，直到完全證明其違憲，這只是出於對立法機構的智慧、正直和愛國主義精神的巨大崇敬所致。」

但是，自從依法進行的現代社會經濟進步運動興起以來，最高法院就越來越頻繁、越來越大膽地對國會和各州議會通過的各項法律行使其否決權，完全無視這條法令最初的限制性條款。

過去四年間，法律享有受到合乎情理質疑的所有權益統統被束之高閣，最高法院不是作爲一個立法機構，而是作爲一個決策機構在行動著。

當國會採取措施穩定全國的農業、改善勞工環境、保護商業免受不公平競爭之苦以保護我們的國家資源，並以許多其他方式明顯地在爲國家的需要殫精竭慮時，最高法院的多數大法官卻在行使著經國會通過的這些明智法律的權力，並對合乎法律的公共政策比手畫腳。

這不僅僅是我個人的譴責，也是當前最高法院大部分傑出大法官們的一致譴責。我沒有時間將持不同意見的大法官在許多案例中寫下的判詞一一向大家引述，但可以略舉數例，比如在判定《鐵路退休法》違憲[3]的案例中，首席大法官休斯[4]在一份不同意見中寫道，大多數意見是「對合理原則的一種背離，」並對「商業條款施加了毫無根據的限制。」而另外三位大法官對此意見表示贊同。

在判定《農業調整法》違憲的案例中[5]，史東大法官[6]談到多數派的意見時指出，這是對

「憲法的曲解」，另有兩位大法官對他的意見表示同意。

在判定紐約最低工資法的案例⑦中，斯通大法官說道，多數派實際上用他們自己的「個人經濟偏好」曲解了憲法。他同時認爲，如果立法機關無權解決我國眾多公民的貧困、生計和健康問題，那「政府也就形同虛設了」，他的意見也得到另外兩位大法官的支持。

面對這些不同意見，最高法院某些大法官的主張就站不住腳了，這些人宣稱，憲法中的某些因素迫使他們滿懷歉意地對人民意願橫加干涉。

面對這些不同意見，事情已經再清楚不過了，正如首席大法官休斯所說，「我們生活在一部憲法下，但憲法的內容卻是大法官們說了算。」

最高法院除了恰當行使其司法職能外，還不恰當地將自己變成國會的第三院——一個超級立法機構，就像其中一位大法官所說的——無中生有地解讀憲法的詞句，並無端地推定憲法的含義。

因此，作爲一個國家，我們已經走到了必須採取行動以把憲法從最高法院手中挽救出來，並使最高法院自我解救的關鍵時刻。

我們一定要找到一個將最高法院能被憲法起訴的方法。我們需要的最高法院是一個依據憲法伸張正義的機構，而不能凌駕於憲法之上，在我們的各級法院，我們需要的是一個法治而非人治的機構。

我和全體美國人民一樣想要一個憲法的制定者所設想的獨立司法機構，這意味著最高法院執行憲法的條文，而不會武斷地行使司法權——最高法院依修正案來修正憲法。這並不是說，司法機構獨立到可以否認公認的事實。

那麼如何來繼續行使賦予我們的權力呢？去年的民主黨綱領中這樣寫道，「如果這些問題不能在憲法的框架下有效地解決，我們就要尋求能確保這些法律權利得以實施的修正案，以便有效地規範商業、保護公共衛生與安全、捍衛經濟安全。」也就如我們所說的，只有其他的法律途徑都宣告失敗後，我們才能對憲法進行修正。

當我著手回顧擺在我面前的形勢與問題時，經過慎重考慮，我得出這樣的結論：在沒有憲法修正案的情況下，明顯符合憲法同時又能落實必要改革措施的惟一方法是，給所有的法院注入新鮮血液。

我們必須得有既有能力又有資格去履行不偏不倚正義事業的人士。但同時，我們還得擁有能夠把憲法的時代感帶給各級法院的法官，這些法院的法官將維持法院的司法職能，並放棄目前各級法院所承擔的立法權力。

聯邦的四十八個州中有四十五個州法院法官的任期爲幾年而非終身制。在許多州，法官在七十歲時就得退休，所有法院的聯邦法官們如果願意在七十歲時退休，國會將付給他們全額人壽保險以保證他們衣食無憂。就最高法院的法官們來說，保險金額爲每年兩萬美元，但所有聯邦法官一經任命，如果他們願意，就可以終身任職，而不論其年齡大小。

我的建議是什麼？簡單說，是這樣的：每當聯邦法院的法官或大法官到了七十歲而申領人壽保險退休回家，總統就必須根據憲法的要求，在獲得眾議院的批准後任命一名新法官。

該計畫的主要目的有兩個：第一，我希望持續不斷地為司法系統輸入新鮮而年輕的血液，來使整個聯邦司法機構高效運轉起來，並因此節約一部分開支；第二，使年輕人參與社會經濟問題的決策，因為這些人不得不生活在當代的實際環境中並親身經歷與接觸。

被任命的法官數額將完全取決於現在超過七十歲，或即將達到七十歲的現任法官的決定。比方說，如果最高法院六位現年超過七十歲的大法官中沒有人按照規定退休，那麼就不會有多餘的職位空出來。其結果是，雖然大法官的數量絕對不可能超過十五個，但可能只有十四個、十三個或者十二個名額，也有可能只有九個名額。

這個想法既不新鮮也不激進，它必須使聯邦機構保持旺盛的活力。自一八六九年，美國國會眾議院通過了類似的提案以來，許多身居要職的人士都曾經討論並同意了該提案。

為什麼要把年齡限定在七十歲呢？因為許多州的法律、公務員的任職、陸軍和海軍的規定、還有我們許多大學的校規、和幾乎所有大型私營企業都普遍將退休年齡限定在七十歲或者更早。

該法令將適用於聯邦系統內的所有法院，下級聯邦法院也普遍同意。該計畫僅在美國最高法院遇到了阻力，如果這個計畫對下級法院有好處，那當然對不會受到起訴的最高法院有好處。

那些反對該計畫的人聲稱，我要把最高法院「打包」（pack）⑧，這將造成一個不良的先例，這些人企圖藉此引發人們的偏見與恐懼。

他們說「將最高法院打包」（packing the Court）是什麼意思呢？

我來坦率地回答這個問題，這將使所有對我在動機上的誤解化爲烏有。

如果有人用「將最高法院打包」這樣的字眼來指責我，認爲我希望使最高法院成爲惟命是從的傀儡，該機構將無視法律的存在，按我的意願決定每個具體事件，那麼，我對此的回答是：任何稱職的總統都不會任命這樣的人到最高法院任職，任何稱職的、令人肅然起敬的參議員也不會認可此類任命。

有人透過那個字眼指責我說，我將任命且參議院也將認可合適的人選，把他們安插進最高法院。這些人理解當前的形勢，認爲我將任命這樣的大法官，他們是作爲大法官而不是立法者來履行職責——如果此類大法官的任命可以被稱作「將最高法院打包」的話，那麼，我的答覆是，我連同和我站在一起的絕大多數美國人民將會支持這樣做，而且馬上就做！

改變大法官的數目，對國會來說會成爲危險的先例嗎？國會一直有，將來也會擁有那種權力。大法官的數目以前在約翰．亞當斯⑨、湯瑪斯．傑弗遜⑩、安德魯．傑克遜、亞伯拉罕．林肯和尤利塞斯．格蘭特⑪政府時期曾經被多次變動過。其中約翰．亞當斯、和湯瑪斯．傑弗遜還是獨立宣言的簽字人。

我建議按照限定任期的明確原則，將另外的大法官送進最高法院。大體來說，如果未來美國不再信任用以防止濫用憲法條文的國會，那麼民主制度的失敗程度也就遠遠超出了任何先例對司法體制造成的破壞。

我們認爲，爲了公衆的利益，保持司法體系的活力很重要，因此，我們鼓勵年老的法官退休，並付給他們全額人壽保險。那麼，我們爲何應當靠偶然性來實現此項公共政策，或者使此政策的實施依賴於任何個別大法官的意願或偏見呢？

這項公共政策的明確目的，是不斷爲司法系統提供新鮮和年輕的血液。

通常，每位總統都會任命一大批地區和巡迴法院法官，以及少數幾個最高法院大法官。

實際上，到我的第一個任期屆滿時，美國美國的每位總統至少都任命了一位最高法院大法官。塔虎脫總統⑫任命了五名成員和一位首席大法官；威爾遜總統任命了三位；哈定總統⑬任命了四位，包括一位首席大法官；柯立芝總統⑭任命了一位；胡佛總統任命了三位，包括一位首席大法官。

這一連串任命，本來應該使最高法院在年齡方面取得良好的平衡。但是，偶然性因素以及個人不願離開最高法院等原因，給我們留下了這樣的最高法院：五位大法官今年六月份前將年過七十五歲，還有一位超過了七十歲。這樣，一項合理的公共政策流產了。

我現在建議，依法建立一項保障措施，防止將來在最高法院出現類似的年齡不平衡現象。

我建議從今以後，法官到了七十歲，讓新的年輕法官自動增補進法院⑮。我建議通過這樣的方式，依法落實一項合理的公共政策，而不是將組成聯邦法院包括最高領袖在內的人員置於偶然因素、或者個人私人決策之下。

如果認爲我所建議的這項法律建立了一個新的先例，難道這不是一條最令人期盼的先例嗎？像所有律師和所有美國人一樣，我爲這次爭論的必要性感到遺憾。

但是，美國的福利，事實上也是憲法本身的福利，都是我們首先不需要考慮的問題。我們今天在法院遇到的難題，不是法院作爲一個機構的結果，而是法院之內的人造成的。但是，我們不能將我們憲法的命運交給少數幾個人的自我判斷。這些人對未來充滿恐懼，將會否認我們採取這些方法應對當前形勢的必要性。

我的這項計畫並不是對最高法院的攻擊，而是要努力保持法院在我們憲政體制中應有的歷史地位，並使之擔負起將憲法建設成爲「活著的法律體系」的崇高任務。

法院本身是解除其困境的靈丹妙藥。

這樣，我已經向大家解釋了我們要在憲法範圍內保證立法結果的原因。我希望憲法修正案的艱難歷程能因此變得容易些。但是，讓我們來考察一下這個過程。

人們提議的修正案種類繁多，每個修正案與另一個都針鋒相對。國會內部或者國會之外沒有哪個集團在任何一個修正案上意見一致。

就修正案的種類和文字達成一致要幾個月或幾年時間，此後，還要花幾個月或者幾年時間，在參議院和眾議院都取得三分之二議員對該修正案的支持。

然後，接下來的，就是取得四分之三州批准的漫漫征程。任何有權勢的經濟利益集團，或任何有權勢的政黨領袖，有理由反對的任何修正案都不曾獲得批准。只擁有5%投票人口的十三個州就能夠阻撓批准進程，即便占投票人口95%的那三十五個州都支持修正案也無濟於事。

相當數量的報紙發行商、商會、律師協會、製造商協會都在努力給人們留下他們確實需要一項憲法修正案的印象，但修正案一經提出，他們第一個會跳出來大呼小叫，「哎呀！我是贊同一項憲法修正案，但你們提出的這個修正案，不是我想要的那種啊！因此，我要花時間、精力和金錢去阻止該修正案的通過。不過我非常樂意幫助其他修正案獲得批准。」

兩個集團反對我們的計畫，其理由是，他們支持一項憲法修正案。第一個集團包括那些基本上反對根據當前形勢進行的社會經濟立法行動。去年秋天試圖阻止人民意願得以實現的也是這幫人。

現在，他們現在要進行最後一搏，其策略是建議啓動費時的修正案議程，以便靠拖延戰術來扼殺人們的立法要求。

我對他們說，我認爲你們不可能長久地用你們的目的蒙蔽美國人民。

另一個集團眞誠地相信修正案議程是最佳途徑，如果能同意某一個修正案的話，他們會樂意支持它的批准。

我對他們說，我們不能將修正案當成是權宜之計，或僅僅是爲了解決當前的困難。等到採取行動的時候，你們會發現，許多假裝支持你的人千方百計地阻撓具有建設性的修正案。看看你們這些奇怪的臨時夥伴們吧！在你們爲了進步事業而奮鬥時，什麼時候發現他們還站在你們中間支持著你們？

大家還要記住另外一件事。即使修正案獲得通過，並在接下來的幾年中得到批准，它的含義也要依賴於最高法院那些大法官們的解釋。

一項修正案，如同憲法的其他條款一樣，大法官說什麼它就是什麼，而不是其制定者或者你們大家所希望看到的情形。

我的這項提案，對美國人所珍愛的公民或宗教自由不會造成任何傷害。

我作爲州長和總統的記錄顯示，我願意爲實現這些自由奉獻一切。瞭解我的人不必擔心，我絕不會容忍政府部門對自由傳統的任何部分造成破壞。

現在，有些反對進步事業的人，企圖利用人們害怕危及個人自由的心理，這使我想到，這個反對派曾經用同樣拙劣和殘忍的伎倆，在反對社會保障法的工資袋宣傳運動中恐嚇美國工人。當時，工人們沒有被那類宣傳所欺騙。現在，美國人民也不會被這種宣傳所愚弄。

我支持通過立法採取如下行動：

第一，因爲我相信該法案能夠在本屆國會獲得通過。

第二，因爲該法案將建立一個使人重新振作且思想自由的司法系統，以便完成更快捷、更合算而惠及所有人的正義事業。

第三，因爲該法案將建立一系列樂於按照憲法條文來實施憲法的聯邦法院，唾棄將個人的政治經濟政策寫入憲法來顯示其立法權的做法。

在過去的半個世紀裏，聯邦政府三大機構之間的權力平衡已經被法院打破了，這與憲法制定者的最高目標是背道而馳的。

我的目的是恢復這種平衡。大家瞭解我，你們會接受偉大莊嚴承諾：在民主制度受到攻擊的世界，我要使美國的民主制度獲得成功。你們和我都將會各盡其責！

注釋：

①這裏的「政策」指《緊急銀行法》的「黃金條款」，即禁止黃金囤積和黃金輸出。一九三五年六月，最高法院以五票對四票裁定此條款合法。

②這裏指一九三五年三月九日《緊急銀行法》授權總統控制外匯交易和黃金流向，三月十日羅斯福發佈行政命令，規定銀行從事外匯交易、銀行和非銀行機構支付黃金都必須得到財政部長頒發的許可證。

③一九三四年六月二十七日羅斯福政府頒佈《鐵路員工退休法》，規定了鐵路員工福利保障。一九三五年一月間，聯邦最高法院裁決《鐵路員工退休法》違憲，理由是政府不經法律程序剝奪公司財產。

④查理斯·E·休斯（Charles E. Hughes，一八六二～一九四八），美國政治家，曾任紐約州州長、國務卿和聯邦大法官。羅斯福新政期間擔任聯邦首席大法官（一九三〇～一九四一），以幹練的領導才能和靈活的政治手腕著稱，領導了最高法院與政府的鬥爭，從而使羅斯福「打輸了戰役卻打贏了戰爭」。

⑤一九三六年一月六日，聯邦最高法院在美國控告巴特勒案中，判定《農業調整法》違憲。

⑥史東（Harlan Stone，？～一九四六），一九二五～一九四一年任聯邦大法官，一九四一～一九四六年任聯邦首席大法官。

⑦一九三六年六月一日，最高法院判定紐約州的婦女與兒童最低工資法無效，理由是它違反《憲法》第十四條修正案保證的訂立合同的自由。

⑧這裏的pack也譯作「囊括」，這是前總統胡佛對羅斯福司法改革的形容。

⑨約翰·亞當斯（John Adams，一七三五～一八二六），美國第二任總統。

⑩湯瑪斯·傑弗遜（Thomas Jefferson，一七四三～一八二六），美國第三任總統。

⑪尤利塞斯·S·格蘭特（Ulysses Simpson Grant，一八二二～一八八五），美國第十八任

總統。

⑫指威廉·H·塔虎脫（William Howard Taft，一八五七～一九三〇），美國第二十七任總統。

⑬指沃倫·G·哈定（Warren Gamaliel Harding，一八六五～一九二三），美國第二十九任總統。

⑭指喀爾文·柯立芝（John Calvin Coolidge，一八七二～一九三三），美國第三十任總統。

⑮羅斯福建議的完整意思是：聯邦最高法院大法官，凡服務至少已經十年而且年滿七十歲，六個月後尚未辭職或退休，總統有權任命一名新法官。

10

給國會特別會議的立法建議

——一九三七年十月十二日，星期二

在最高法院先後裁定「新政」的相關法案違憲後，政府亟須推出新的法案，繼續推動「新政」，以應對一九三七年八月開始的突然衰退。此次談話的議題，正是建議國會召開特別會議審議相關法案（主要是《新農業調整法》和《工業工時法》），這些法案一如既往調整的是就業、工資和購買力，它們的前身曾經卓有成效。當然，羅斯福也談到了世界形勢，因為此時東亞和歐洲已經籠罩著戰爭的烏雲。

今天下午，我發佈了一份公告，要求在一九三七年十一月十五日（星期一）召開國會特別會議。

我這樣做是爲了給國會一個在明年一月召開正常會議前審議重要立法的機會，並使國會能夠避免明年漫長的、拖延至夏天的會議。

我知道，許多民主制度的敵人會說，召開特別會議——哪怕是在正常會議召開六個星期前——都是有害於國家安全的。他們認爲召開國會會議是對美國政治事務的侵犯，是不幸事件。我對此種觀點實在難以苟同。那些不喜歡民主制度的人想把立法者留在家裏。但是，國會是民主政府的必要組成部分；而民主政府絕對不能「被看成是對民主國家事務的侵犯。」

我將要求此特別會議立即審議某些重要的立法。

我最近進行的全國旅行，讓我觀察到這些立法都是美國人民迫切需要的。這並非表示其他沒有提到的立法對我們國家福祉不重要。但是其他立法可以在正常會議上從容地進行討論。

任何人要想對國家政策進行建議或評判，都應該掌握整個國家的基本狀況。

這就是我今年再次到全國各地走一走、看一看的原因。

去年春天，我考察了西南部地區。今年夏天，我到東部去了幾次。現在，我剛剛從橫跨大陸的旅行中回來。今年秋天晚些時候，我希望繼續我的年度旅行，到東南部走走。

總統尤其要從全國的角度考慮問題，這是他的職責所在。

他不僅要考慮今年的事情，還要將來幾年的事情，雖然那時總統已是別人了。

他必須思考普通公民的幸福和長遠利益，因爲普通人很容易掩蓋貧困和不穩定的危險點。

他必須使這個國家不被單純且短暫的繁榮所迷惑，這種繁榮靠的是過度地開採資源換來的，而這是不能持久的。

他必須考慮不但讓我們今天遠離戰爭，而且將來永不受戰爭之苦。

我們所要的這種繁榮，是合理和持久的繁榮，這種繁榮不是建立在暫時犧牲任何地區或集團的利益基礎之上。

我們所要的這種和平，是合理持久的和平，它建立在全國人民共同追求和平的基礎上。

有一天，有人讓我談談最近這次旅行的主要印象。我說，對我來說，此次旅行是瞭解普通公民對施政的廣泛目標和政策的好機會。

五年的激烈辯論，透過收音機和動畫節目傳達了五年的資訊，這已經給整個美國上了一堂商業課。即使那些對我們的目標進行激烈攻擊者所提出的批評意見，恰恰鼓勵我們的公民去思考和理解所涉及的問題。

在這個過程中，我們學會了作爲一個國家來進行思考。也正是在這個過程中，我們學會了如何從國家的角度感受自身。在美國歷史上，以前還從來沒有美國的一個地區對另一個地區說，「你們的人也是我們的人。」

對美國的多數人來說，今年是個好年頭。人們生活更加富足，事業也更加欣欣向榮。在我到過的每個地方，我發現人們對商業的前景都很樂觀。多年來，人們希望農民有穩定的消費能力，因爲佔有著最大份額的農業收入。

但是，我們還沒有盡全力來實現持續的繁榮。美國人民在防止農產品生產過剩而造成價格下跌方面面臨著考驗。我們要努力確保合理的最低工資、最短工時，並禁止童工。因爲受到檢驗，美國許多人的購買力和生活水準還低於國家總體要求的長期目標。

美國民眾認識到了這些事實，這就是爲什麼他們要求政府不要僅僅因爲已經恢復了繁榮就止步不前了。

他們沒有把政府當成自己事務的干預者。相反的，他們認爲政府是進行有組織自助的最有效形式。

有時候，我對某些人再三地談論那些政府不應該做的事情感到厭倦。一九三三年政府將金融機構和鐵路部門拯救過來的那些日子裏，這幫人已經從政府得到了他們想要的全部。到全國各地走一走，去品味一下未雨綢繆的大智慧是件很令人神往的事情。

美國民眾要求財務預算達到平衡，但他們也需要全民預算的平衡。他們想要建立一個自我平衡的國家經濟，因爲他們意識到，無休止的資助最終將使政府破產。

他們更關注的是前進方向的正確性，而不是每個細節的絕對正確。他們知道，只要我們沿著正確的道路前進，那麼，偶爾碰到些挫折也無傷大體。

我國公民中的絕大多數人靠農業爲生，政府要在農作物生產方面怎樣幫助他們，他們已經想得非常清楚了。他們要求政府透過兩種方式幫助他們：一是控制剩餘農產品的數量；二是合理使用土地。

有一天，有位記者告訴我，他怎麼也不能理解爲什麼政府一方面要努力減少農產品的產量，同時還要開墾新的灌溉土地。

這位記者將兩個完全不同的目標混淆了。

農作物過剩的控制與全國所有耕地——不論地塊好壞——所種植的農作物總量有關。這種控制是靠農民的配合，並在政府的幫助下實現的。

而土地使用問題則是一項政策，指的是政府把品質最佳、土地類型最優的土地提供給每一農民，或者讓他們能夠獲得這些田地，以進行自己的農作物生產。廢棄那些從經濟角度看不適合耕種的貧瘠土地，抵消了爲種植不同的農作物而增加的優質土地。

農產品的總量決定了價格，因此也就決定了農民們的生活狀況。

如果我們愚蠢到讓所有的製鞋廠都每天二十四小時、每週七天地運轉，我們很快就會生產出比全國人民可能購買還要多的鞋子，過剩的這些鞋子要麼毀掉、要麼派送掉、要麼以低於生產成本的價格賣掉。這個簡單的供需平衡法則影響著農產品的價格。

大家和我都曾經聽說，大製造商將農民進行的產量控制說成是無可辯駁的「稀缺經濟」（economy of scarcity）。而這些製造商在關閉自己的大工廠、裁減工人、削減整個社區的購買力時，只要他們認爲可以使產量與過量的商品供應狀況相配合，無論何時，他們從來都沒有猶豫過。如果患麻疹的是他們的孩子，他們拒絕稱之爲「稀缺經濟」，而叫做「合理的商業判斷」。（sound business judgement）

當然，認眞地講，大家和我想要的是這樣一種政府遊戲規則：工人和工農業各部門要創造出沒有浪費的平衡性豐裕局面。

今年冬天，我們要找到一種方法來防止3.5美分的棉花、9美分的玉米和30美分的小麥再次出現。這樣的價格對我們所有人來說都是災難性的。爲此，農民自己要進行合作，以建立一個全天候的農業計畫。這樣，從長遠看，價格會更加穩定。他們相信這點可以做到，而政府也可以擺脫赤字的困擾。

當我們發現了那種使農產品價格免受穀物過剩與不足的交互影響之方法時，也就找到了使我們國家的食品供應免受同樣的產量波動影響的辦法。我們應當在消費公眾所能承受的價格範圍內保有足夠的糧食。對美國的城市消費者來說，我們必須想出辦法幫助農民在豐收之年將糧食儲備起來，以避免糧食匱乏的年份陷入困境。

我們的土地使用政策則是另一碼事。

我剛剛就美國政府的工作進行了考察。美國政府正在遏制土地浸蝕，也致力於保護我們的森林、防止水災，並生產用於更廣泛目的的電力、透過對數千英畝土地進行灌溉、給農民從貧瘠的土地遷往肥沃良田的機會。這些土地只要有水就能給農民帶來過好日子的機會。

我看到光禿禿、被燒焦的山坡。還在幾年前，那裏還是鬱鬱蔥蔥，綠樹成蔭。這裏正被種上小樹。其目的不但是要遏制水土流失，也是爲了將來的木材供應著想。

我看到民間資源保護隊的小夥子們和工程振興局的工人們在建造防洪大壩、小型池塘和梯田以提高水位，並使現在身處那些地方的農業和村莊的安全得到保障。我看到了狂躁的密蘇里河裏挾著許多州的表層土順流而下，泥濘不堪。我還看到許多駁船滿載著來自全國各地的貨物穿梭在新開鑿的航道上。

我舉兩個例子來說明，爲什麼政府從事的這類項目對整個國家來說有著全國性意義。

在愛達荷州博伊西河領域，我看到一個區。

該區最近才被灌溉成一大片肥田沃土。這樣，一個家庭從該地得到四十英畝土地就可以豐衣足食了。許多現在已經在這個流域過上富足好日子的家庭，都是從一千英里外的地方搬到這裏來的。他們來自風沙帶。這條風沙帶從加拿大邊境橫跨美國中部直到墨西哥。該風沙帶包括十個州的廣大地區。博伊西河流域位於愛達荷州西部，成爲農民樂意前往的第二個選擇，因而也就具有了全國的重要性。而且，我們建議逐年增加更多的流域，以接納其他數千個同樣需要在新牧場獲得新生的家庭。

另一個例子是位於華盛頓州的大古力大壩①。負責此專案的工程師告訴我，該大壩全部開支的近一半，都用來採購密西西比河東部生產的原料。這使得美國東部三分之一地區的數千名產業工人獲得了工作和工資。

所有這些工作，都需要有比今天更加商業化的規劃制度和更長遠的眼光。

這就是我建議本屆國會最後一次會議建立七個規劃區域的原因。在這些規劃區，當地人必須針對其特殊地區所做的這類工作提出建議和意見。當然，國會將在預算範圍內確定選定的項目。

爲了執行二十世紀的每項計畫，聯邦政府的行政部門必須建立一個能在二十世紀運轉的機制。我認識到，民主進程必然比專制進程慢些。但我不認爲，民主進程需要緩慢進行才能保證安全。

多年來，我們都知道，聯邦政府的行政和管理部門職責紊亂，權力交錯重疊，混亂不堪。去年冬天我建議國會對這個龐大的政府體制進行重組。這與民主進程的原則並不衝突，如同某些人所說的那樣，這種重組只能使這一進程的運轉更加高效。

在我最近的旅行中，許多人和我談到了數百萬男人、婦女和兒童依然面臨工資微薄、工時過長的問題。

美國工業已經到國外發掘市場，但是它在家門口就能創造出其有史以來最大、最長久的市場。它需要消除貿易壁壘以改善國外市場，但不應該忽略了消除國內貿易壁壘的可能性，而且要立即行動，不要等什麼協議。每週增加幾美元工資，每天少工作幾個小時，能將數百萬收入最低的工人變成數十億美元的工農業產品的實際買主。銷售量的增加，應當會大大緩解其他生產性的支出，以至於大量增加的勞動力支出也可以得到吸收，而不必將高價強加於消費者。

我堅信，所有的勞動者都應得到豐厚的工資。但此刻，我最在意的是增加低收入工人的工資。這些人是我們最龐大的消費群體。但是今天，他們的收入太低，根本無法維持像樣的生活水準，或者購買食物、衣服和其他物品。而這是使國內工廠和農場運轉所必須的。

有遠見的商人們已經理解並同意了此項政策。他們也認爲，任何一個地區都不可能靠降低工資和工時標準來使自身獲益，或者惠及美國的其他地區。

大多數商人——不論大小——都懂得，他們的政府既不想把他們趕出商業圈，也不想阻止他們賺取合理的利潤。儘管有些企圖重新掌控美國生活的人提出了警告，但是多數商人，不論是大老闆還是小老闆，都知道，他們的政府透過提供家庭擁有財產的機會，以使他們的財產比以前任何時候都更安全。

不論眾人的財產和利潤可能存在什麼樣的風險，如果此種風險存在的話，它也不是來自政府對於商業的態度，而是來自私人壟斷者和金融寡頭目前強加給商業活動的限制。

普通商人都知道，高額的生活費用是對商業活動的巨大威脅，而商業的繁榮更依賴於低價政策。此政策可以最大限度地鼓勵消費活動。正如美國一位傑出的經濟學家最近說的，「商業活動在美國持續復興多半依賴商業政策、商業價格政策，而不是華盛頓做了什麼，或者不會做什麼。」

我們的競爭體制總體來說不是競爭性的。任何購買了大宗製成品的人，不管買主是政府還是個人，都知道這點。我們確實有反托拉斯法，但這些法律還不足以對眾多壟斷組織進行查核。姑且不論他們最初是否足夠有力，法院的解釋和法律程式的困難與拖延現在已限制了這些法律的有效性。

我們已經在研究如何強化反托拉斯法以終結壟斷——不是要傷害合法的商業活動，而是要使之獲得解放。

我已經簡略地談到了這些重要的課題。這些課題合起來就是我們未來的計畫，爲了獲得該計畫，立法就必不可少了。

今天，當我們努力將美國人民的生活水準提高到前所未有的程度時，我們也知道，這些計畫可能會受到美國之外的世界其他事件的嚴重影響。

透過確定一系列貿易協定，是我們致力於重建世界貿易的起點。這在我們國內方面扮演著非常重要的角色。但是我們知道，一旦美國之外的世界捲入戰爭的漩渦，那麼，世界貿易將被徹底瓦解。

我們也不能漠視全世界的文明價值遭受破壞。我們不只爲我們這代人，更要爲孩子那一代人追求和平。

我們爲他們尋求世界文明的延續，以便美國文明可以繼續受到世界其他地方文明的鼓舞。

我希望偉大的民主制度非常明智地認識到，對戰爭的無知並不能推動我們超然於戰爭之外。在一個互相猜疑的世界，我們必須堅定地實現和平，不能僅僅停留在希望上，也不能僅僅停留在等待上。

現在我們確知美國願意參加那次達成了一九二二年九國公約②——也就是華盛頓條約——的會議。我們不是最初的簽字國之一。此次會議的目的是要透過協定，找到解決中國當前問題的辦法。爲了找到這樣的辦法，我們的目標是同包括中國和日本在內的其他條約簽字國進行合作。

在我們尋求實現全世界和平的途徑時，這種合作將成爲可資遵循的某種可能途徑的範例。

文明和人類幸福發展的基礎，是在相互關係上接受某種基本尊重的原則。世界和平的發展，同樣也依靠各國在相互關係上接受某種基本尊重的原則。

最後，我希望各國都將接受這個事實：違反了這些交往原則，是對所有國家幸福的損害。

同時，也請記住，在一九一三至一九二一年間，我本人對世界事務相當關注③。在那期間，我學會了該做什麼，也學會了不該做什麼。

美國民眾的常識和聰明才智同意我的主張：「美國討厭戰爭，美國希望和平。因此，美國積極地參與尋求和平的事業。」

注釋：

①大峽谷大壩，美國大型水壩。位於華盛頓州哥倫比亞河上，是美國最大的電力生產設施和最大的混凝土結構，也是世界上的第五大壩。

②九國公約（The Nine Power Treaty），第一次世界大戰後的華盛頓會議（一九二一年十一月十二日～一九二二年二月六日）達成的公約，九國為美、英、法、意、日、葡、比、荷、中。此次會議達成了三個公約——《四國公約》、《五國公約》、《九國公約》，內容主要是調整列

強海上霸權、共同掠奪中國。

③一九一三～一九二一年期間，羅斯福主要擔任助理海軍部長職務，其間曾赴歐洲考察。

11 談失業人口普查

——一九三七年十一月十四日，星期日

這次談話的主題十分單純，卻事關全民。為了盡可能掌握全國失業人口的準確數字，政府擬在當年進行全國人口普查。為配合此次普查，羅斯福做了此次談話，敦促國人積極配合。由於話題單一，所以談得十分具體，但作為領袖，羅斯福始終沒有忘記小事的昇華——「從中我們將再次感受到象徵美國人民力量與榮耀的全國大團結！」

今晚，我請美國人民幫忙來維持一項對他們和政府來說都很重要的任務。

爲那些並非由於自己的過錯賦閑在家而願意工作的人找到工作，爲那些沒有充分就業的人找到更多的工作，調查一下工人和工業部門的需要，看看我們是否能夠發現比我們現有的長期再就業計畫更好的計畫條件，這些都是這些任務的一部分，而且是必不可少的組成部分。

在一個健全和崇尚自由機會的國度，一方面要求強制休息，另一方面還要吸收大量人員參加工作，這是挑戰獨創性的一把雙刃劍。

失業問題是現在折磨著人類而苦不堪言的問題之一。某種意義上說，它自工業化時代以來一直伴隨著我們。商業和工業的複雜化增加了失業人口，而大危機則使此問題變得更加尖銳。必須

花費數十億美元進行救濟和創建公共工程；國家預算的平衡被拖延，還增加了我國人民的稅務負擔。除了國家政府面臨的問題外，州和地方政府也被迫要應對失業導致的日益沉重負擔。這是所有文明國家的通病，並非我們自己所獨有。有些國家靠龐大的軍備計畫解決了這個問題，但美國不願步其後塵。

不過，作爲一個國家，我們接受這樣的政策：不允許任何失業的男女因缺乏幫助而去乞討，這依然是我們的政策。但我們面臨的形勢要求我們找到一個長久策略，而非權宜之計。

當然，失業救濟並非長久之策。在工農業部門爲那些願意工作的工人找到理想工作，才是長久之策。這需要採取協調行動並進行規劃，才能使私營企業中閒置的人力資源得到利用。這種規劃需要事實，而我們現在並不掌握這些事實。

這項規劃對工人和工業主都適用，因爲它要消除就業和失業人口出現的波峰和波谷現象。在工業界的幫助下來制定規劃，防止出現每年生產超出我們能夠消費掉的商品，而來年又大肆削減產量，解雇成千上萬名工人的現象。

找到解決辦法是個大難題。未來幾年我們得花費很多心思以找到正確的解決之道。但同時，我們需要更多的事實。

多年來，我們已經就失業程度進行了各種各樣的估計。儘管有些估計很有價值，根據失業程度給我們提供了基本準確的資料，但是，這些估計所提供的資料，還不足以成爲一項再就業計畫的基礎。下周我們就要著手收集這些資料了。我們要進行一次全國性的失業人口、半失業人口普查，我們要用民主的美國方式做這件事。

這是一次完全資源的普查。我們要進行自我檢查，並努力收集眞實反映我們當前失業狀況的資訊，而且還要獲取有助於我們進行未來建設性規劃的事實。

人民對自己的個人利益非常關注，並意識到他們負有的公民職責，自願性計畫只有在這樣的國家才能獲得成功。

我相信，偉大的美國人民一定能完成這項任務。我們採取了各種措施來幫助所有美國人理解和認清此項任務的重大意義。我相信，你們一定會全力提供幫助的，就像大家在爲實現國家進步而付出的努力那樣。透過此事，你們展現了你們的自治能力。

下週四，也就是十一月十六日，郵政部將透過廣大且高效的通路向全國的每個住所發放一份包含十四個簡單問題的商業報告卡。

該報告卡將由郵遞員在週四時送到你們家門口。這是一張雙面的郵政卡，比普通的卡略大些。這些卡尤其要發送給那些失業或半失業的，以及能夠工作並在找工作的人們。這張卡上有我寫給大家的一封信，信中保證：如果大家把所有事實都告訴我，這些事實將幫助我們在規劃中考慮到需要但現在還沒有得到工作的人的利益。這封信號召美國的失業者以及其他所有人都來幫忙，使這次人口普查獲得完整、誠實和準確的結果。

如果所有失業和半失業的人、能夠工作和正在找工作的人都能憑良心塡好這些卡片，原封不動地在十一月二十日午夜或之前寄出來（貼不貼郵票，裝不裝信封都可以），那麼，我們國家就將擁有了據此建立合理的再就業規劃的眞實資訊。

這張報告卡既不是救濟申請，也不是工作登記。每個失業者瞭解這點很重要。這純粹只是一次收集資訊的人口普查。你們收到該卡片時就會注意到，這十四個問題的目的都是要使政府獲得關於失業形勢更廣泛的基礎知識。

如果失業和半失業的人都全心地就這十四個問題提供資訊，那我們不但瞭解了失業和半失業的程度，而且還會瞭解到各州和社區的失業地理區域。這樣，我們就能夠指出哪個年齡層的人受到的影響最嚴重。但最重要的是，我們將瞭解到失業人口的就業資格；我們會瞭解到這些人適合到哪個行業工作，因此，就能夠確定未來該產業將朝哪個方向發展，才最能夠吸納這些無所事事的工人們。

我認爲有必要強調指出，只有那些失業或半失業、有能力工作和正在找工作的人應當塡寫這些卡，其他所有人則可以置之不理。

但是，我請求今天就業的所有人都成爲社區中失業者和可能需要幫助者的好鄰居。他們可能需要大家的合作，使他們認識到國家努力幫助他們的重要意義。

我想，鄰居們的合作將對消除所有失業者的恐懼心理大有裨益。他們擔心這次人口普查獲得的資訊會被用於其他不良目的。我再重複一次對失業者做出的保證：大家在這些報告卡中給我們提供的這些資訊無論如何也不會被用來對付大家，而是在我的權力所及範圍內用於爲大家謀利益，爲國家某福祉。

我們一旦探知了失業情況的所有事實，就會將這項自願和互助性的措施延伸爲解決這一迫在眉睫問題的工作。此問題重要性表明我們有理由採取全國性措施，摒棄偏見和黨派差別，並確保商業部門、工人、農業部門和政府能夠竭誠合作。

我相信，我們的國家具備重整旗鼓的天才智慧，也擁有使每個人——不論年老也好，年輕也罷，都能享有工作和賺錢機會的物質資源。讓我們三分之一的人過著不能滿足現代生活需要而體面的日子既不符合邏輯，也不存在必然性。

我們國民的購買力是我們全面繁榮的土壤。如果想要消費掉工農業部門生產的產品，那麼就必須向數百萬工人發放穩定的工資。

深謀遠慮的產業領導人現在認識到，大家賺到的錢有很大一部分以工資形式支付掉，否則這些企業賴以生存的土壤，很快就會變得貧瘠不堪。我們的農民也認識到，他們的最大的顧客是領取工資的工人，如果沒有了廣泛的購買力，他們的農業市場就難以維持。

因此，失業問題是與所有個人和團體利益攸關的問題。對這個問題的討論必須拋開歧視的態度，而採用邏輯的態度。只有我們掌握了這些事實，接受了我們的責任，才能找到解決之道。

與生俱來的工作權利是每個自由人的基本特權之一。任何想要工作和需要工作的人如果不能得到這項權利和特權，就將對我們的文明和安全提出挑戰。我們擁有豐富的物質資源，並在使這些資源和機遇爲所有人分享這一崇高目標的鼓舞下，我們已經快要解決這個問題，也有希望找到比現在更有效的方法了。

作爲一項具有建設性的重建計畫的第一步措施，失業人口普查應當是一次更加成功的全國性協同作戰，從中我們將再次感受到象徵美國人民力量與榮耀的全國大團結！

12 談經濟形勢

——一九三八年四月十四日，星期四

這次談經濟形勢的「爐邊談話」，主題內容複述了羅斯福已經向國會提交的一份「寓意深遠的諮文」。談話首先回顧成績和存在的問題，然後提出三項措施。三項措施都涉及擴增財政投入的問題，所以談話的後半部分歸結到政府支出，即以增加財政支出促成就業、工資和購買力的良好狀態，從而促使經濟出現好轉。羅斯福相信這可以促成一個良性循環：隨著國民收入的增加，聯邦政府的開支就會減少，稅收將會增加。羅斯福深知自己的責任所在，因此「絕不能讓全體人民的利益僅僅因為或許是個人解脫的最佳時刻而付諸東流」。

上次和全國人民討論了我國的形勢，至今已經有五個月了。

我原本希望能夠將這次談話推遲到下周，因爲大家知道，這周是聖周①。但是，美國同胞們，我想和大家說的事情非常緊迫，與人類生活和防止人類遭受折磨的關係極其密切，我覺得再也不能拖延下去了。透過今晚的談話，我們的心靈將更加安寧，復活節的希望在全國各地的火爐旁邊將會更加眞切。而且我們有那麼多人都在想著和平王子②的時候，鼓勵和平並非不合時宜。

五年前，我們面臨著嚴重的經濟和社會復興問題。復興工作在四年半時間裏迅速推展，只是在過去的七個月中，這項工作遇到了挫折③。

也恰恰就是在過去這兩個月內，事情已經非常清楚：政府本身必須採取強有力的措施以應對之。在此同時我們曾經耐心地等待著，看看商業自身的力量是否能夠抵禦這種挫折。

這次衰退還沒有使我們退回到一九三三年開始的那種災難和不幸中去。你們在銀行的錢是安全的；農民不再那麼貧窮，而且擁有更大的購買力；證券投機的危險已經降到最低程度；國民收入比一九三二年增加了將近50%；政府已經建立並承擔起經濟的責任。

但是，我知道，你們之中有許多人丟掉了工作，或者看到你們的朋友與家庭成員沒了工作；我不想建議政府對這些事情視若無睹。我知道，我們當前的困難影響很大；有些群體和地方受到的影響非常嚴重，但其他人或地方卻幾乎沒有受到什麼影響。但我認爲，政府的首要責任是保護所有地區、所有人民的經濟利益。我在國會最後一次會議開幕式發言中說過，如果私營企業在今年春天不能提供工作機會，那麼政府就將採取有力措施——我不會讓人民倒下來的。我們都曾記取了這樣的教訓：政府無法無謂地等待，直到失去了採取行動的力量。

因此，我已經向國會提交了一份寓意深遠的諮文。今晚，我想把此諮文中的某些段落讀給大家聽，並和大家一起進行討論。

在這項諮文中，我用這些話分析了一九二九年大崩潰的原因，「在人們使用的每件物品和器具上進行過度的投機和過度生產……數百萬人被送去工作，但他們雙手製造的產品已經超出了他們錢包的購買力……按著無情的供需關係規律，供給過分大於需求，需求行爲將被迫終止。結果出現失業和工廠關門現象。一九二九至一九三三年的悲劇因此發生了。」

我向國會指出，國民收入——不是政府收入，而是美國所有個人和家庭，包括每個農民、每個工人、每個銀行家、每個專業人員和所有靠投資獲得賴以維生的收入——其總和在一九二九年達到了八百一十億美元。到了一九三二年，這個數字已經減少到三百八十億美元。幾個月前已從谷底逐漸增加到六百八十億美元。

然後我對國會說道：

耐久材和消費商品的復興活力是一九三七年呈現出某種特別不如人意的景象，這是導致去年最後幾個月經濟下滑的主要因素，生產再次超過了購買能力。

造成這次生產過剩的原因很多，其中之一是恐懼——對海外戰爭的恐懼，對通貨膨脹的恐懼，對我國大罷工的恐懼。但不論哪種恐懼，都是空穴來風。

……許多重要商品生產線的產能都超過了公眾的購買力。例如，一九三六年冬季到一九三七年春季，數百個棉花廠都是一天三班地進行生產，使得工廠、中間商和零售商手中都囤積了大量的棉織品。再比如，汽車製造商們不僅使成車數量實現了正常增長，而且促使這種常態增長演變爲反常增長，並動用所有手段推動汽車銷售。當然，這意味著美國的鋼鐵廠要二十四小時運轉，而疲憊不堪的公司和棉花工廠也快速跟進，以順應反常的刺激性需求。國家購買力於是停滯了。

這樣，到了一九三七年秋天，消費大眾已經買不起我國生產的產品了，因爲消費大眾的購買力沒有跟上生產能力。

同期，許多關鍵商品的價格快速攀升……某些日用品的消費價格已經超過了一九二九年通貨膨脹時的高價。許多商品和原料的價格非常之高，以至於買家和建築商停止購買或建設。

……購買原材料、將這些原材料投入到生產和成品加工中、將成品賣給零售商、賣給消費者，最後用所得收入實現完全的收支平衡。

……去年秋天，工人們突然被解雇，此種情形以前所未有的速度持續著。我們所有人，包括政府、銀行業、商業和工人們，以及面臨此種形勢的人都認識到必須採取行動了。

這都是我今天在國會講的話，今晚，我再把這些話跟你們，偉大的同胞們重複一遍。

我接著向國會參眾兩院的議員們指出，政府和商業部門必須傾盡全力增加國民收入，讓更多的人擁有自己的工作，讓各個階層的人獲得安全保障，並擁有安全感。

我一直掛念著所有的人，不論是失業或是就業的人，惦念著他們的衣食住行、教育和健康狀況，以及老年人的處境等人類問題。大家和我都同意，安全是我們最大的需要；而工作機會、在我們的商業環境中獲得合理利潤的機會只是小事一樁。我們還有一件較大的事情——是否有可能將我們的農產品賣掉，賺得足夠的錢讓我們的家庭過上體面的日子。我知道這些事情決定著所有人的幸福。

因此，我決心盡我所能幫助大家獲得這種安全。我知道，如果離開了商業的公平交易，如果不能讓所有人都可完全分享之，那麼這類繁榮絕不能持久，人們對此深信不疑。

因此，我今天再次向國會重複道，國會和聯邦政府都承擔不起「削弱或破壞過去五年來代表美國人民所進行的偉大改革行動的後果」。在使我們的銀行機構和農業恢復元氣的過程中，在我們為所有商業活動提供充足而廉價貸款的過程中，在我們承認國家對失業救濟負有責任的過程中，在我們強化州和地方政府信用的過程中，在我們鼓勵住房建設，清除貧民窟和住房私有化的過程中，在我們對證券交易、公共事業控股公司和新發行的有價證券進行監管的過程中，在我們提供社會保障的過程中，美國的選民們，都不想要採取任何退步的措施。

我們已經認識到工人有自由組織和集體談判的權利；處理勞資關係的機制目前已經建立起來。原則也已經確立了，儘管我們都會接受這樣的觀點：隨著時間的推移，管理與實踐活動能夠得到改善。勞工領導人和雇主誠摯的理解與協助將會使此類改善以最快速、最平靜的方式得以實現。

人類社會生生不息的演進過程無疑會帶來新的問題，需要新的調整措施。我們當前的目標是鞏固並保持已經取得的成果。

在這種形勢下，所有美國人，在任何場合都沒有理由因爲懷疑或半信半疑而使自己有絲毫的恐懼，或者使自己的精神和信心有絲毫的懈怠。

我的結論是，當前的問題需要聯邦政府和人民共同採取行動，我們的主要問題是缺乏購買力導致消費者的需求不足，我們有責任使經濟出現好轉。

「政府能夠並應該怎樣從哪裏下手，來幫助開啓經濟好轉的進程呢？」

我接著提出了三組措施。

我將簡要說說這些建議。

第一，我要求國會撥款，以保持聯邦政府在下一個財政年度用於工作救濟和類似目的的支出比率等同於當前的比率。這些支出包括爲工程振興局、農場保障局④、全國青年管理處⑤撥付更多經費，並向民間資源保護隊追加資金，以保證它能夠維持住目前運作的營地數量。

這些因失業增加變得必不可少的撥款，將比我一月三日向國會提交的估計數目多出約12.5億美元。

其次，我告知國會，政府建議增加銀行儲備，以滿足國家的貸款需求。目前財政部的約14億美金將用於支付這些額外的政府支出。並通過減少聯邦儲備委員會所要求的儲備量，來使銀行獲得另外7.5億美元用於信貸。

根據我們的判斷，這兩項措施考慮到了救濟的需要，並追加了的銀行貸款，但還不足以使美國持續向前發展。

因此，我提到了聯邦政府採取的第三項我認爲至關重要的行動。我對國會說道：

需要三輪彈藥時，大家和我都承擔不起我們用兩輪彈藥武裝起來的後果。如果我們停止救濟和貸款，可能會發現自己在敵人進攻前已經彈盡糧絕。如果我們在第三輪時能夠全副武裝，就能贏得抵禦災禍的戰鬥。

第三項建議是通過提供新的工作來增加國家的購買力。

一是使美國住房管理署能夠立即提撥約三億美元，來清理貧民窟補充建設項目。

二是儘快在各州、縣、市啓動耗資約十億美元的公共工程改善專案，以更新公共工程計畫。

三如我一月份所建議，在聯邦資助的高速公路建設估算經費之上追加一億美元。

四是在先前估計的六千三百萬美元基礎上，追加三千七百萬美元用於防洪和開墾工作。

五是追加二千五百萬美元，用於聯邦政府在全國各地的建設。

在提出此計畫時，我不但考慮到美國人民的需要，而且考慮到個人自由這一個所有美國人都視爲珍寶的財富。我想到了我們的民主制度，以及世界其他地方背離民主理想的最新發展趨勢。

民主制度在某些其他偉大的國家已經消失了，不是因爲這些國家的人民不喜歡民主制度，而是因爲他們厭倦了失業和不安全感，不願看著自己的孩子忍饑挨餓，同時卻要面對著因缺乏領導而導政府混亂與脆弱的情形無計可施。最後，他們無可奈何地選擇犧牲掉自由來換些吃的。在美國，我們知道自己的民主制度能夠保持下來並正常運轉。但是，爲了能夠保持住這些民主制度，我們必須同仇敵愾，勇敢地面對這些問題，並申明：民主政府的有效運轉才足以擔當保護人民安全的任務。

我們未來的經濟穩定和民主制度的穩固，都依賴於政府給予無所事事的人就業機會的決心。美國人民一致同意要不惜一切代價捍衛他們的自由，而這場保衛戰的第一條戰線，就是保護經濟安全。你們的聯邦政府要保護民主制度，必須證明它比商業衰退的力量更加強大。

歷史證明，強大而成功的政府不會發展出專制政體，而那些軟弱無力的政府才會如此。

如果靠民主手段人們可以得到一個足夠強大的政府，來保障他們不受恐懼和饑餓的威脅，他們的民主制度就是成功的；但如果做不到這些，他們就會不耐煩了。因此，持久自由的惟一安全閥就是政府很強大，可以保護人們的利益；人民很強大，且具有遠見卓識，能夠保持其對政府的完全控制權。

我們是一個富足的國家；在討價還價中，我們不必犧牲自由就能夠保證安全與繁榮。

在美國建國的頭一個世紀裏，我們缺乏資金和工人，工業生產不夠充足。但我們土地、森林和礦產資源都很豐富。聯邦政府正確地擔負起促進商業發展和緩解危機的責任，向土地和其他資源發放補貼。

這樣，從一開始，我們就已經形成了向私營企業提供政府援助的傳統。

但是，今天政府再也沒有大片的肥田沃土用於分發了。我們還發現，我們必須花費巨額資金來防止水土進一步遭到侵蝕，防止森林遭到進一步砍伐。目前的形勢也與以前不同，因爲現在資金充足，銀行和保險公司擁有大量閒置資金；有龐大的工業生產能力和數百萬渴望工作的工人。如果聯邦政府努力使閒置資金和賦閑的人發揮作用，努力增加我們的公共財富，努力使人民更加健康並充滿活力，努力使我們的私營企業制度發揮效用，那麼就是遵循了傳統，並順應了現實的需要。

走出衰退要付出代價，但從中獲得的利益將會數倍於這些開銷。虛度工作時間就是丟掉金錢。每一天，每個工人的失業，或者每一台機器的停用，或者每一個商業機構的倒閉，對國家來說都是損失。由於這些閑來無事的人和閒置機器的存在，我國在一九二九～一九三三年間損失了一千億美元。今年，美國的同胞們，又比去年少創造了約一百二十億美元。

如果大家回顧一下美國政府的早期施政方向，就會記得人們對政府開支日益攀升的疑慮和恐懼。但是，讓這些懷疑論者感到意外的是，隨著我們繼續推動公共工程和工作救濟等各項計畫，我們的國家變得富足而不是更加貧窮。

值得記住的是，一九三七年的國民收入比一九三二年增加了三百億美元。國債增加了六百億美元雖然是事實，但請記住，在增加部分一定要把數十億美元的寶貴資產包括在內，這些資產最終將使債務減少；價值數十億美元的永久性公共改造專案——學校、公路、橋樑、航道、公共建築、公園和一大批其他項目——遍及美國三千一百個縣。

毫無疑問的，有人會告訴你說，聯邦政府過去五年的開支項目並沒有提昇國民收入。他們會告訴大家，商業的復甦是私人投資的結果。這有一部分是實情，因爲聯邦政府僅花費了總額的一小部分。但是，聯邦政府的支出也起了推動私營企業重現生機的作用。這就是私營企業對國家生產和收入的貢獻遠大於政府本身的原因所在。

依據這樣的想法，我今天對國會說：「我想表明的是，我們不相信僅僅靠投資、出借或花費公共資金就能夠大幅增加國民收入。在我們的經濟中有必要讓私人資本發揮作用。而且我們所有人都認識到，這些資金必將獲得公平的利潤。」

隨著國民收入的增加，「我們必須忘記，聯邦政府的開支會因此減少，而其稅收將會增加。」

聯邦政府以前贈予商業界的土地是屬於全國人民的。而我們今天用於商業的資金最終都是全國人民勞動的結果。因此，只要有健全的道德力量和合理分配購買力的需要存在，那麼，由於使用了全國人民的錢而實現了繁榮，其利益應該在所有人之間進行分配，而不論地位高低。因此，我再次表達我的願望：國會在本次會議上應頒佈一項工資工時法，確定最低產業工資，並對勞動時間加以限制，以保證更合理地分配我們的繁榮成果，更合適地分配可獲得的工作機會，並更加合理地分配購買力。

對這項新計畫的總投資，或者對淨增加的國債總量，大家的印象可能千差萬別。

這是一項龐大的計畫。去年秋天，在努力實現聯邦政府的收支平衡過程中，我做出的預算要求大規模縮減聯邦政府的開支。

就當前的形勢來看，那些財政收支概算過低了。新的計畫追加了二十點六二億美元用於財政部直接支出，另追加九點五億美元用於聯邦政府貸款。後一筆資金用於貸款，這筆錢將來會歸還給財政部。

聯邦政府債務的淨效應是：從現在到一九三九年七月——還有十五個月時間——財政部必須至少再追加十五億美元資金。

各位不必對美國的債務增加情況表示擔憂，因爲這筆錢會數倍返還給美國人民，因爲購買力增加了，且國民收入的提升會大幅增加聯邦政府的稅收。

在諮文的結束部分，我對國會說的話重複如下：

讓我們大家都一致認可這樣的事實：聯邦政府的債務，不論是二百五十億也好，四百億也罷，都只有在公民的收入大幅增加的情況下才能償還。我再重複一遍：如果公民的收入能增加到每年八百億美元，那麼聯邦政府以及絕大多數州和地方政府都將告別赤字。

國民收入越高，那麼我們就能更快地縮減聯邦政府、各州和地方的債務。從各方面觀察，今天的購買力——今天的公民收入——都不足以推動經濟制度高速發展。聯邦政府的職責此刻要求我們填補這一正常過程的不足，並藉此保證足夠的追加資金，我們必須再次持續不斷地增加國民收入。

……在這個過程中，我認爲我們已經有了良好的開端，以避免過去的缺陷，如生產過剩、過度投機；實際上還包括一九二九年我們沒能成功防止的所有極端行爲。在這整個過程中，聯邦政府不能，也不應該孤軍奮戰，商業部門必須幫忙，我相信商業部門一定會出手相助。

我們需要的不只是物質的復興，我們需要全國團結一致的意志。

我們全國人民都要看到，哪個集團的需要都不會得到滿足，不論這些需要多麼正當，除非該集團準備好一起去尋找產生收入的方法。這是該集團與其他所有集團獲得報償的源泉……你們作爲國會，我作爲總統，一定要恪盡職守地透過維持所有集團和所有地區間的平衡，來爲國家謀利益。

我們可以支配國家資源、資金、腦力勞動和體力勞動者來提高我們的經濟水準——我們的公民收入。團結就是力量，需要的就是這種意志。

已經到了全力以赴將這種意志轉化爲行動的時候了，我決心從我們做起。對我來說，某些積極的要求就伴隨著這種意志——如果我們擁有此種意志的話。我們每個人都有責任進行自我約束……這是民主的紀律。

每一位愛國的公民都要對他或她自己說，不當言論、訴諸偏見、殘酷鬥爭都不只是對個人或所有個體的侵犯，而是對美國全體人民的侵犯。

自我約束意味著要受到民意的制約，訓練自己區分眞僞，並使自己相信，在公共事務中，殘酷無情從來都不是一個行之有效的方法。如果沒有了憎恨導致的分裂，美國就不會有個人或集團的專制，這種分裂絕不會存在。

最後，我想和大家說一些有關我個人的想法。

我絕不會忘記，我生活在一所全體美國人民擁有的房子裏，他們把信賴給予了我。

我總是努力記住，他們的深重問題是人的問題。我經常和那些找我來闡述他們自己觀點的人交談；和那些掌管著美國大型企業和金融機構的人士聊天；和那些代表著工人和農民利益的人談話；並經常和那些來到這所房子卻沒有顯赫地位的普通公民說說話。

我經常努力踏出白宮的大門，離開國會山莊的官場，去仔細觀察民眾的希望與恐懼。我已經數次周遊全國，我的朋友們、我的敵人們，還有我每天接到的郵件都將大家的所思所想告訴了我。我要確定的是，政治博弈和繁忙的公務都不能阻止我去瞭解美國人民想要的生活方式這一私密資訊，以及他們把我放到現在這個位置的單純目的。

在政府的這些重大問題之中，我努力不要忘記：最根本最重要的問題是，樂意工作的男人和婦女都能有份體面的工作以照顧好他們自己、他們的家庭和他們的孩子；農民、工廠的工人、店主、加油站的工人、製造商和商人（不論大小）、以給予社區建設的援助爲榮的銀行家，確保所有這些人都能有份合情合理的利潤，並保證他們所賺得的儲蓄安全——並不是今天或明天能安然無恙，而是要保證在他們所能見到的未來都是安全的。

我能聽到大家埋在心底的疑慮，關於我們在這個多災多難的世界何去何從的疑慮。我不能指望所有人都能理解全部的問題；但試著理解這些問題卻是我的工作。

我總是努力記住，和諧性差異不能使每個人完全滿意。因爲我沒有期盼很多，也就不會失望。但是我們知道我絕不能放棄，我絕不能讓全體人民的利益僅僅因爲此刻或許是個人解脫的最佳時刻而付之東流。

我相信，我們已經繪製出正確的藍圖。要放棄建設一個更加偉大、更加穩定、更加寬容的美國這一目標，就好比是錯過了潮流，並可能錯失了避風港。

我建議繼續前行。我明確地感到，你們的希望與幫助與我同在。因爲爲了抵達避風港，我們必須航行——航行而不是拋錨——航行，而不是漂流。

注釋：

①聖周（Holy Week），天主教和基督教的重要節日。指復活節前的一個星期，從棕枝全日（基督受難的紀念日）開始，至復活節。

②和平的王子（Price of Peace），基督教徒對耶穌的讚頌稱號之一。

③這裏的挫折，指一九三七年八月開始的經濟衰退，工商業指數下跌，失業猛增，商品滯銷，饑餓降臨，新聞界曾將其比之於胡佛時的情形，稱作「羅斯福蕭條」。下文的「這次衰退」即指此。

④農業保障局是根據一九三七年七月二十二日羅斯福簽署的《班克黑德——鐘斯農場租佃法》成立的政府機構，負責有關農業的各項工程和該法案的土地所有權計畫。該局支持了一系列解決貧困問題的專案，效果顯著。

⑤全國青年管理處是工程振興局下設的一個部門，由一九三五年六月二十六日羅斯福發佈的行政命令建立，宗旨是支助青年就業或繼續上學。

13 談各黨派的初選問題

——一九三八年六月二十四日，星期五

這篇談話涵蓋三個方面的問題。首先是總結了本屆國會的主要工作，其中特別強調關於聯邦法院的改革和對自由主義事業的維護。接著介紹了一些關於經濟形勢的資訊。最後順著前面的思路「就即將到來的政治初選說幾句話」，強調民主和爭論，反對偏見和攻擊，當然也表達了自己為本黨在國會爭取更多席位的意願。

很幸運，我們的政府是民主政府。

作爲民主過程的一部分，你們的總統再次利用這次機會向這個國家的眞正統治者——有選舉權的公眾彙報國家事務的進展情況。

一九三六年十一月在完全自由的基礎上選出的第七十五屆國會已經休會。除非發生了不可預見的事件，將於十一月選出的新國會直到明年一月才會召開會議，在此期間將不會有會議召開。

另一方面，第七十五屆國會留下了許多未完成的事情。

比如，這屆國會拒絕提供更多的有效機制用於政府行政部門的運轉。國會也沒有聽取我們的建議：國會應採取影響深遠的必要措施，將美國的鐵路置於其控制之下。

但是在另一方面，這屆國會努力實施大部分議員賴以當選的綱領，它爲美國的未來贏得的福利比第一次世界大戰結束到一九三三年春天期間的各屆國會都要多。

今晚，我只說說這些成就中比較重要的部分。

1.進一步改進了我們的農業法律①，使農民在國民收入中獲得了更公平的份額；使我們的土地得到保護；建立了全天候的穀倉；幫助農場承租人走向獨立；爲農產品找到了新的用途；開始了作物保險。

2.經過我的多次要求，國會通過了《公平就業標準法令》②，通常稱作《工資工時法》。該法也適用與州際貿易產品，它結束了童工的雇用，並對工資的下限和工時的上限做了規定。可能除了《社會保障法》之外，該法是影響最爲深遠的爲工人謀利益的法律。此後，該法被其他國家所接受。該法無疑使我們朝著提高人們的生活水準邁進，並增加人們的購買力以購買工農業產品。

那些叫喊著前途不妙的經營主管人員每天的收入達到一千美元。爲了保住公司沒發放的儲備，他們把其雇員推給了聯邦政府救濟部門。他們用股東的錢到處散播其個人的看法。他們告訴大家說，每週十一美元的工資會對美國的工業造成災難性影響。不要聽這些胡言亂語。對整個商業界和美國幸運的是，這類經營主管人員只是一小部分人，大多數商業管理人員打心裏不同意他們的說法。

3.國會成立了一個資訊委員會，以便在有關何爲明智的商業活動這一問題的錯綜複雜的理論叢林中找到一條出路。該委員會的職責是就所有關於壟斷、物價制定、以及大中小之間關係問題的立法搜集必要的事實依據。與世界其他大部分地區不同的是，在美國，我們堅持我們在私營企業和謀利動機方面的信念；但是我們也認識到，必須堅持不懈地改進實踐的方法，以保證我們一直能夠獲得合理的利潤、科技的進步、個體的主動性、人才輩出的機會、公平的價格、得體的工資，和持續的就業。

4.國會新成立了民用航空管理局，對商業飛行和航空郵政業務進行了調整；在我國歷史上首次將所有郵局女局長置於公務員行列。

5.國會建立了美國住房管理局，幫助大規模清理貧民窟行動籌措資金，並爲我們城市中的低收入群體提供廉價租房。通過修訂《國家住房法》，國會使得私人資本更容易地進行適用於房屋和廉價租房的建設。

6.國會適當減少了小企業的稅務負擔，並使得復興金融公司更容易向所有企業貸款。我想我國的銀行家能夠公平地參與貸款事務，乃因聯邦政府透過復興金融公司承擔了公平的風險份額。

7.國會已經向工程振興局、公共工程局、農村電氣化局、民間資源保護隊和其他機構撥付了更多的資金，以照顧那些我們所希望的暫時增加的失業人員，並鼓勵私營企業進行各類生產活動。

我把這一切統稱爲經濟制度的國防計畫。這是一個平衡行動計畫，把各條戰線上的人力都動員到這樣的認識上來：我國每個群體、每個地區的全部經濟問題都是一個不可分割的整體。

8.用於其他國家軍備的增加，和與我們休戚相關的國際形勢變化上，國會已經決定增加軍費，以武力保衛我們的領土和人民。

在另一個重大問題上，國會鬥爭的結果對美國人民來說是場重要勝利——一次贏得了戰爭的戰鬥。

大家會記得，在一九三七年一月五日那天，我向國會遞交了一份關於聯邦法院改革的必要性諮文。無論如何，在本屆國會期間，諮文的眞正目的已經達到了。

最高法院對於憲法問題的態度發生了徹底的變化。其最近的判決，明確地顯示它與政府其他兩個部門合作以使民主制度運轉起來的意願。聯邦政府被授權在涉及聯邦法律的憲政性問題是保護其當事人的訴訟利益，並可直接將所有涉及聯邦法律憲政性的案件上訴到最高法院；任何法官也不再有權僅靠自己關於聯邦法律憲政性的判斷、就可以拖延該法律的實施。最高法院的大法官們，現在可以在任職十年後屆七十歲時退休；釐清了候任法官的眞實數目，以加快案件的審理速度；聯邦司法體系已經靠允許將法官分派給人口眾多的地區，而極大地增加了靈活性。

本屆國會的另一個間接成就，是其對美國人民致力於健全和諧的自由主義事業的反應。國會已經認識到，在當代環境下，政府一直有責任去應對不斷出現的問題；聯邦政府不能因爲某個

人面對新時代生活不可避免的前進步伐而感到倦怠或恐懼，就可以休假一年、一個月，甚或是一天。

我的某些對手和同事都認爲，我對美國人民實現目標的堅忍不拔精神和整體智力水準的判斷犯了感性錯誤。

我依舊堅持，自從一九三二年以來，繼續在私營企業和聯邦政府同私營企業的關係這兩個關鍵問題上自己的看法是對的。首先，在監管錢的使用問題上，在根據支付能力分配和繳納個人和公司的所得稅問題上做到了完全和絕對的誠實。其次，對下層人的就業需要——通過工作眞正公平地分享生活的美好和生存與發展的機遇——表現了誠摯的尊重。

一九三六年大選後，越來越多賢明而精於世故的人告訴我們和國會，我應該順流而下，輕鬆地渡過四年的總統任期，不要把民主黨政綱領過於當回事。他們告訴我，人們對經由政治措施進行的改革已經厭煩了，將不再反對少數派一直渴望重新控制美國的願望，雖然一九二九年時他們自己的領導行爲造成了慘重損失。

在我們有生之年還沒有看到第七十五屆國會遇到的情形。協調一致的失敗主義運動鋪天蓋地地向美國總統、國會參議員、眾議員們席捲而來。我們從來沒有遇到這麼多銅斑蛇③。大家一定還會記得，在南北戰爭期間，正是這些銅斑蛇使出渾身解數，使得林肯和他的國會放棄了戰鬥，使我們的國家仍舊一分爲二才重歸和平——以龐大代價換來的和平。

從人民的角度講，本屆國會已經結束了。我對美國人民的信心以及他們對自己的信心已經得到證明。我對國會出色的領導表示祝賀！我為美國人民的忍耐力表示祝賀！

下面是一條關於我們經濟形勢的資訊。

大家稱之為衰退或蕭條對我來說沒有區別。一九三二年，美國的國民收入總量已經到達當年的低谷——三百八十億美元。這一數字逐年增加。去年，也就是一九三七年，儘管在這年的最後四個月，商業和農業價格明顯下降，國民收入總量還是增加到了七百億美元。今年，即一九三八年，雖然做出估算還是過早，但我希望國民收入不會低於六百億美元。我們也還記得，銀行業、商業和農業並沒有像在一九三二～一九三三年那個恐怖的冬天表現的那樣，一損俱損。

去年，私營企業掌門人、勞工領袖和聯邦政府領導，所有這三方都犯了錯誤。

去年，私營企業的掌門人要求立即縮減公共支出，並說他們將如法炮製。但是，他們犯了生產速度過快、許多商品售價定價過高的錯誤。

一些勞工領袖在工人數十年受壓迫的驅使下，犯了個走得過遠的錯誤。他們很不明智地使用了一些使許多善良人感到害怕的手段。他們要求雇主不但要同其談判，同時還得忍受司法爭論。

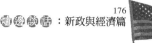

聯邦政府也犯了樂觀主義的錯誤，認為工業和勞工自己不會犯錯誤。聯邦政府犯了個時機錯誤，去年沒有通過農業法或工資工時法。

我們汲取了這些錯誤的教訓，希望私營企業——包括資本家和勞工都能更聰明地共同進行努力，並同聯邦政府進行比過去更加有效的協作。我對雙方的此類合作均表示歡迎。當然，現階段雙方應該有一個團結一致的立場，以反對削減工資導致降低購買力的減少工資的做法。

今天，有一家大型鋼鐵公司宣佈降價，以期刺激商業復甦。我也欣慰地得知，這次降價不會削減工資。我們應當鼓勵那些接受了高工資的企業。

如果做到這點的話，聯邦政府將減少大量支出。由於不能進行合作，聯邦政府今年必須縮減支出。

一九三三年三月四日以來，反對派每週都喊叫著「做點事，說些話，恢復信心。」美國有一個能夠很清晰地表達自己意願的群體，他們具有讓公眾關注其觀點的出色能力。這些人一直拒絕與人民大眾進行合作，而不論事情是向好還是向壞的方向發展。在承認有了他們所謂的「信心」前，他們要求對其觀點做出更多的妥協。

銀行停業和重新開業時，這些人都在要求「恢復信心」。

饑餓的人們湧入大街小巷時，饑餓的人們可以吃飽並投入到工作中去時，這些人同樣都在要求「恢復信心」。

旱情襲擊美國之時，我們的田地生產過剩之時，這些人同樣都在要求「恢復信心」。

去年，汽車工業實行三班制，製造出來的汽車超過了美國所能購買的數量，這些人要求「恢復信心」。而今年，汽車工業試著擺脫生產過剩，結果關閉它們的工廠，這些人再次要求「恢復信心」。

我相信，這些一直大喊著「要信心」的人今天正開始認識到，自己的表演過火了，他們現在反倒樂意談談合作的事情。我相信，美國人民對自己的確有信心，相信他們在聯邦政府的幫助下有能力解決自己的問題。

正是因爲在解決商業、農業和社會問題所取得的進步方面，大家不滿意，我也不滿意，我才相信，你們絕大多數人都想要聯邦政府繼續嘗試著解決這些問題。坦率而老實地說，我需要我能夠得到的所有幫助；而且我從許多拼命反對進步事業的人們那裏，看到了將來獲取更多幫助的信號。

現在，順著這個思路，我想就即將到來的政治初選說幾句話。

五十年前，普遍的作法是在大會上進行政黨提名活動。在公眾的想像中，這種制度的特點是一小群人坐在一間煙霧瀰漫的房間裏塡寫提名名單。

發明直接初選制，是爲了使提名過程更加民主——給黨派選民一個自己挑選其黨派候選人的機會。

今晚我要和大家說的事情與任何一個特定的政黨無關，而是關於各黨派的原則問題，包括民主黨、共和黨、農民黨、工人黨、進步黨、社會黨或任何其他黨派，大家要清楚地認識這點。

我的願望是，與任何黨派交往的任何人都將在初選會議上投票。每個這種選民都將認眞考慮他的政黨賴以建立的基本原則。這有益於在十一月大選那天，在對立的黨派候選人之間做出明智的選擇。

如果一國之內擁有兩個或更多的全國性政黨，而這些政黨的原則和目標如同豆莢裏的豌豆一樣彼此相似，只是名字不同，那麼一次選舉不會給國家帶來堅定的方向感。

在不同黨派即將召開的初選會議上，兩個思想流派——通常分爲自由派和保守派——之間的衝突一定不少。大體上說，自由派思想認識到，全世界的新形勢要求進行新的變革。

在美國，我們這些忠於此種思想流派的人堅定的認爲，如果我們將政府當作合作的工具以推行這些改革，那麼，這些新的改革措施，即能夠在我們目前的政府形式下被接受，並被成功地保持下去。

我們相信，經過不懈的努力，我們靠民主程序而不是法西斯主義或共產主義的手段能夠解決我們的問題。在改革的問題上，我們反對任何形式的拖延。實際上，改革就是對自己的反作用。

儘管人們都對此有了清晰的理解，但是，當我使用「自由的」這個名詞時，我指的是信奉民主代議制政府同時擁戴進步主義原則的人，而不是那些極端分子。事實上，這些極端分子傾向於共產主義，這與法西斯主義同樣危險。

這股思潮的反對派或曰保守派的基本主張是，不承認聯邦政府本身需要插足其中，並採取許多解決這些新問題的措施。該流派認爲，個人動機和商人的慈善活動將解決這些問題。就是說，我們應當廢止我們所做的許多事情並退回來，比如使用舊的黃金價格，或停止所有關於養老金和失業保險的事務，或者廢除證券交易法，或者讓壟斷者爲所欲爲。實際上，就是要退回到我們在二〇年代時的那類政府方向去。

考慮到所有候選人的智力水準，似乎對我們來說，初選選民必須要問的一個問題是，「這位候選人屬於這些思想流派中的哪一派？」

作爲美國的總統，我不想要求全國的選民明年十一月都來投民主黨的票，從而反對共和黨人或任何其他黨派的成員。作爲總統，我也不會參加民主黨初選會議。

但是，作爲民主黨的領袖，我有責任明確地執行一九三六年民主黨政綱中提出的自由主義原則宣言。我感到，我完全有權在這些事情上發表意見。在民主黨提名候選人涉及到這些原則，或誤用了我自己的名字時，會出現明顯的分歧。

不要誤解我。

我當然不需要在某個州的初選會議上獲得優先權，只因爲某個表面上屬於自由派的候選人在所有問題上都與我意見相左的緣故。

我關注的是某個候選人對於當前問題的總體態度，和他自己以某種實用的方式獲取實際需要的內在願望。我們都知道，信口開河的反動分子有可能阻撓進步事業。而有些人雖然「同意」進步主義目標，卻總是找理由反對實現該目標的任何具體建議。這些人也可能使進步事業受阻。我把這類候選人稱爲「好的，但是」（yes, but）一族。

我還關注到某個候選人或其支持者對於美國公民權利的態度。這些權利指和平集會的權利和在重大社會、經濟問題上公開表達其見解和主張的權利。任何政體的憲政民主制度都不會否認，每個人都有言論和信仰自由。美國人民不會受到任何企圖借愛國主義的幌子壓制個人自由的人欺騙。

這是一個自由的國度，人們有言論自由，特別是新聞自由。從現在到投票日將會出現許多卑鄙的攻擊行爲。我用「攻擊行爲」指的是造謠中傷，進行個人攻擊和煽動偏見。當然，如果各地的競選活動都能用爭論而非攻擊的方式進行，就更好了。

我希望自由派候選人會約束自己，去爭論而不是訴諸毆鬥。十名演說家或作家當中有九名爲了追求對公眾產生影響，已從心平氣和的爭論轉向不公平的攻擊，這對他自己的傷害高於對其對手的傷害。

在這方面中國有個故事。這個故事是三四千年文明史的結晶。故事是這樣的：有兩個中國苦力站在人群中間進行熱烈的爭論。有位陌生人很奇怪：怎麽沒有攻擊呢？他的中國朋友答道：「先發起攻擊的那個人，就是承認自己的主張已經說完了。」

我知道，不論是在夏季的初選會議上，還是在十一月的大選中，美國選民們都會發現那個將自己的主張說出來的候選人。

注釋：

①這裏的「農業法律」指一九三八年的新《農業調整法》。由於一九三三年《農業調整法》被最高法院裁定違憲，政府提出新法案，國會通過後，羅斯福於一九三八年二月十六日簽署。該法主要內容為授權農業部長利用「常平倉」方式——「豐買歉賣」調整農產品價格。

②《公平就業標準法》（The Fair Labor Standards Act），此法案也譯作《公平勞動標準法》。一九三八年六月十四日國會通過，六月二十五日羅斯福簽署。該法案主要規定工資與工時標準，故亦稱《工資工時法》（The Wagesand Hours Bill）。該法基本取締了血汗工廠，消滅了童工剝削，受保護的工人達上千萬。

③銅斑蛇（Copperheads），一種身上有銅色斑紋的毒蛇。在美國歷史上，特指南北戰爭期間，同情南方奴隸主的北方人。

14 談歐洲戰爭

——一九三九年九月三日，星期日

第二次世界大戰的標誌性事件——納粹入侵波蘭發生兩天後，羅斯福發表了此次談話。談話並未太多涉及歐洲戰爭本身，而是集中申明了美國的立場，即保持中立，置身戰爭之外。但他也不否認戰爭影響到美國的家庭，必須行動起來保持國家的安全。

美國同胞、朋友們：

今天晚上，我的唯一職責是向全國人民發表講話。

直到今天凌晨四點半，我還抱有一線希望，盼望某種奇蹟能避免歐洲發生毀滅性戰爭，並結束德國對波蘭的入侵①。

在長達四年的漫長歲月裏，接二連三的戰爭和此起彼伏的危機，已經使整個世界搖晃起來，並有可能在各方面造成激烈衝突。不幸的是，如今，這已是事實了。

我應當提醒大家的是——我這樣做是正確的——在這些危機中，你們的政府採取了協調一致的、有時候是非常成功的措施，在和平的事業中，美國付出了全部的努力。儘管戰爭在蔓延，但是我認爲我們有充分的權利和充足的理由將維護基本道德規範、宗教教義和爲維護和平進行不懈的努力繼續作爲我們的國策——因爲總有一天，我們能對瀕臨崩潰的人類做出更大的貢獻，雖然這一天還很遙遠。

我也理應指出，最近這些年發生的不幸事件，毫無疑問都是建立在使用武力，或威脅使用武力的基礎之上。即使在這次大戰爆發之初，我似乎就清醒地認識到，美國在追求人類和平的過程中應發揮持續不斷的影響力，這將盡最大可能消除國家間不斷使用的武力威脅。

當然，預測未來是不可能的。我從美國的議員和全世界的其他管道不斷地獲得資訊。你們大家，美國的同胞們，每天每時都通過廣播和報紙接收新聞。

我相信，此刻大家是全世界最文明、消息最靈通的人了。你們不受制於新聞審查的制約，而且我還要指出，你們的聯邦政府不會封鎖任何資訊，或存有任何封鎖大家對資訊的想法。

同時，就像我在週五的新聞發佈會上所說的，新聞和廣播必須小心謹慎地一方面辨別眞正經過核實的事實，而另一方面還要區分純粹的流言。這項工作至關重要。

我還要進一步指出，美國民眾也能非常小心地分辨新聞與流言。不要不分青紅皀白就相信你們所聽到或看到的事情。首先要審查一番。

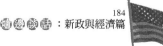

在當代國際關係領域，大家一開始必須掌握一個簡單卻恒久不變的原則：任何地方的和平遭到破壞，世界各地所有國家的和平就會處於危險之中。

大家和我都可以很輕鬆地聳聳肩膀說，戰爭在距離美國所在的大陸數千英里之外的地方，同時在美洲數千英里之外的地方發生的衝突不會對美洲產生重大影響，因此美國所有公民盡可以對此置之不理，我行我素。儘管我們熱切地盼望著超然事外，但是我們不得不認識到，電波傳來的每條資訊，航行在大海上的每條船舶、進行的每次戰鬥都會對美國的未來產生影響。

希望所有男人和婦女都能深思熟慮或正確地討論美國出兵歐洲戰場的問題。此時，美國中立宣言正在醞釀之中。即便沒有現成的中立法令②，我們也會這麼做，因爲此種中立符合國際法，並與美國的政策一致。

接著，依據現行中立法要求我們的中立地位。我相信，將來我國的中立可以成爲眞正的中立。

最重要的是，美國人民是世界上資訊最靈通的民族，他們要仔細考慮一下這些事情。威脅美國和平的最危險的敵人是這樣一些人：他們對整個問題的過去、現在和將來的知識知之甚少，卻裝模作樣地以權威的身份指手畫腳，講起話來閃爍其詞，向美國做出的保證或預言其實對現在或將來毫無價值可言。

我自己不能也不會預報發生在海外的事件，其原因是我對發生在世界各地的所有事情不能做到瞭若指掌，所以我不敢進行預言。而另一個原因是，我想我得誠實地等待美國人民作出決定。

我不能預知這次戰爭對我國的直接經濟影響，但是我確實要說，任何美國人在道德上都沒有權利以他們的同胞或在歐洲戰爭中的人爲代價，坐收漁利。

有些事情我們的確知道。我們美國的多數人都相信精神價值。我們之中的大部分人不論信奉哪個教派，都信奉《新約》的精神——一種偉大的教導：反對自己使用暴力、武裝力量、遠征軍和投彈。我們絕大多數人都追求和平——國內的和平，以及不會危及國內和平的其他國家的和平。

我們擁有國家安全的明確信念和理想，今天我們必須行動起來去保持這種安全，並使我們的孩子在未來的歲月裏享有安全。

這種安全現在是，將來也會同西半球以及與之相鄰的海洋安全緊密地聯繫在一起。我們透過戰爭遠離美洲來努力使自己的家園免受戰爭之苦。我們可以把這些歷史先例追溯到喬治·華盛頓總統政府時期③。對美國每個州的任何家庭來說，生活在一個被其他大陸戰爭撕扯得支離破碎的世界是件非常嚴重、非常悲慘的事情。今天，這些戰爭影響到了所有美國家庭。全力以赴地使美洲遠離戰爭是我們的責任。

此刻，我請求大家結束黨派偏見和自私自利；我們首要考慮的應是國家的大團結。

美國依然將是一個中立國家，但我們不能要求每個美國人在思想上保持中立。即使中立的人也有權考慮事實。即使一個中立的人，也不能要求關閉其心靈或良知。

我說過不只一次，而是很多次，我已經見過戰爭，我討厭戰爭。我一遍又一遍地說著這樣的話。

我希望美國將能夠置身於戰爭之外。我相信美國能夠做到，我向大家保證並請大家放心，美國政府一定會盡其所能實現這一目標。

只要我力所能及，美國的和平就將持續下去！

注釋：

①一九三九年九月一日，德國入侵波蘭，標誌著第二次世界大戰爆發。

②為與歐洲戰爭隔絕，美國採取中立政策，於一九三五年推出《中立法》，一九三六年推出修改後的《中立法》，其內容包括武器禁運、禁止貸款給交戰國等。西班牙內戰後，美國推出《永久中立法》，不僅禁止戰時（包括國際戰爭和一國內戰）輸出武器和信貸，對非軍事物資也規定「現金購貨，運輸自理」。一九三九年初，羅斯福開始公開批評《中立法》，並推動新的立法。一九三九年十一月二日，眾議院最後通過了廢除武器禁運條款的新《中立法》，雖然「現購自運」條款仍舊保留，但解除禁運，對英國等國支持較大。

③一七九三年，歐洲發生戰亂，法、英兩國交手，奧地利、普魯士、撒丁與荷蘭捲入其中。但華盛頓堅守中立，在一七九三年四月二十二日發表中立宣言，聲明稱「美國的職責和利益要求他們應該真誠地、善意地採取並力求對所有參戰國都維持友好而公正的態度」。

15 談國防

——一九四〇年五月二十六日，星期日

進入一九四〇年，國防已經取代經濟成為頭號話題。這次與上次談話方式不同，談得十分具體，羅列了許多數字。顯然，羅斯福已經意識到戰爭並不遙遠，因此要「把國防建設成為滿足將來可能需要的國防」。此時的經濟發展已經指向了國防，即「應對將來的緊急需求」。

朋友們：

在全世界大部分地方都沉浸在悲痛中的時刻，我要和大家聊聊許多直接影響到美國未來的問題。當我們瞭解到此刻正發生在挪威、荷蘭、瑞士、盧森堡和法國平民身上的親身經歷時，我們感到震驚。

在這個安息日的夜晚，我應該代表需要幫助的婦女兒童和老年人說句話。我想這樣做是正確的。因爲他們迫切需要幫助以應對當前的困境。這種援助來自大洋此岸的我們，來自我們這些依然能夠自由地給予援助人們。

今晚，在瑞士和法國曾經祥和的公路上，數百萬人正忙著逃離他們的家園，以躲避炮彈。彈片、炮火和機關槍的掃射，沒有避難所，而且幾乎沒有任何食物。他們突然發現，不知道路的盡

頭在哪裏，我和大家談到這些人，是因爲你們每一個今晚聽我講話的人都可以幫助他們。代表我們的美國紅十字會正將食物、衣服和藥品緊急送往貧窮的數百萬平民手中。請大家，我懇求各位按著你們的方式，向離你們最近的紅十字分會伸出援手，越慷慨越好！我以全人類的名義向大家提出請求。

你們和我，咱們大家再次坐在一起思考我們自己所面臨的緊迫問題吧。

我們中間有許多人過去對國外發生的事情視而不見，因爲他們對某些美國同胞告訴他們的話信服得五體投地——那就是發生在歐洲的事情和我們沒有任何關係；不論那裏發生了什麼事情，美國都能夠一如既往地在世界上從事其和平的、獨一無二的事業。

由於沒有利害關係或無知，我們中間有許多人閉上了眼睛。他們誠摯地認爲，蔓延數百英里的海水使美洲半球遠離歐洲，因此北美洲、中美洲和南美洲的人們盡可以靠其豐富的資源繼續生活下去，而不必理會世界的其他地方，或受到其他大陸的威脅。

我們中間還有一些人接受了少數群體的勸告，認爲我們能夠通過退隱在美洲大陸邊界之內來保持我們的地理安全——東面是大西洋，西面是太平洋，北面是加拿大，南面是墨西哥。在上周提交給國會的諮文中，我詳細說明了這種觀點的無益性與不可能性。顯然，建立在這種觀點基礎之上的防禦政策，無異於給將來的進攻敞開大門。

最後，我們之中還有一小撮人故意並有意把他們的眼睛閉上了，因爲決心要對抗他們的政府、政府的外交政策和其他所有政策。這些黨派觀念明顯，認爲政府做的任何事情都是完全錯誤的。

有些人由於這眾多原因之一而閉上了他們的眼睛，有些人不承認暴風雨有可能一步步向我們逼近，對所有這些人來說，過去的兩周意味著他們的許多幻想一個個破滅。

他們已經失掉了這樣的幻想：認爲我們離得很遠，可以隔離開來並因此抵禦其他國家都不能倖免的危險。

在某些地方，因幻想突然破滅而猛然醒悟之後，接踵而來的是恐懼和驚慌失措。有人說，我們毫無防備。一些人到處散布說，我們只有放棄自由、理想及生活方式，才能建立健全的防衛體系，並對抗侵略者的威脅。

我不同意這些幻想，我對這些恐懼也不能苟同。

今天，我們變得更加現實了。但大家不要說喪氣話，也不要對我們的能力妄自菲薄。讓我們大家都把恐懼和幻想放在腦後吧！在這個安息日的夜晚，讓我們坐在美國家庭自己的家裏，平心靜氣地想想我們都做了什麼，我們必須要做些什麼吧！

在過去的這兩、三周，美國公眾收到了各種關於我們缺乏準備的謊言。甚至有人已經提出指控，認爲我們過去數年花在海陸軍的訓練經費都打了水漂，我認爲大家應該聽聽事實，對國家才是公平的。

我們在國防方面花費了大筆資金。花這些錢，已經使我國的陸軍和海軍，成爲美國有史以來，在和平時期規模最大、裝備最爲精良、最訓練有素的武裝力量。

過去幾年，我們完成了很多事情，下面我挑幾件事和大家說說。

我不想探究每個細節，但是，有件事是人所共知的：本屆政府一九三三年就任之時，美國的海軍已經落後於世界其他國家的海軍，艦船的作戰能力與效率都相對處於低谷。海軍的相對戰鬥力，由於沒有更換那些早已過時的艦隻和武器裝備而被大大削弱。

但是在一九三三年到一九四〇年這七年間，政府用於海軍的經費比一九三三年之前的七年多出14.87億美元。

花這筆錢我們得到的是什麼？

海軍的作戰人員從七萬九千增加到十四萬五千人。

在此期間，有兩百一十五艘戰艦開始建造或投入現役，是過去七年的七倍。

在這兩百一十五艘軍艦中，我們已經列裝了十二艘巡洋艦、六十三艘驅逐艦、二十六艘潛艇、三艘航空母艦、兩艘炮艇、七艘補給艦和許多小型艦隻。這其中還有包括新戰艦在內的許多艦隻建造經費也已經撥付，正在建造當中。

建造船隻花掉了數百萬美元，美國在這方面在世界上首屈一指。但還有一個實際情況是，沒有艦船，我們就不可能對美國的所有水域進行有效防禦。這些艦船包括水面、水下和空中的各種艦船。談到與海軍協同作戰的空軍，一九三三年，我們的有效戰機是一千一百二十七架，今天我們擁有的和準備交貨的戰機是二千八百九十二架。一九三三年的飛機由於陳舊或老化也被新的戰機所替代。

在美國漫長的歷史上，海軍目前是和平年代最爲強大的時期。就攻擊力和作戰效率而言，我甚至可以保證，今天的海軍比第一次世界大戰時期還要強大。

一九三三年，美國的陸軍在職人員爲十二萬二千人。現在，也就是一九四〇年，這個數字已經翻了一番。一九一九年以來，一九三三年時的陸軍獲得的新戰鬥裝備非常少，被迫將第一次世界大戰時遺留下來的儲備投入使用。

所有這一切的結果是，與歐洲和遠東的陸軍相比，其相對戰鬥力到一九三三年時急劇衰落了。

這就是我發現的情況，但是，從那以後已經發生了巨大的變化。

一九三三到一九四〇年這七個財政年度間，聯邦政府經用於陸軍的經費比一九三三年之前的七年多了12.92億美元。

花這些錢，我們的收穫是什麼呢？

如同我說過的，陸軍總數已經增加了近一倍。到今年年底，目前在編的所有正規軍的各個部隊，都將裝備完全滿足其要求的現代武器。國民警衛隊的所屬部隊也將裝備同樣的武器。

下面是從大量事例中選取的代表性例子：

一九三三年以來，我們實際採購了五千六百四十駕飛機，包括最先進的遠端轟炸機和高速驅逐機。當然，這些飛機中有許多在四、五、六或七年前就已經交付使用，現在已經過於陳舊，被廢棄掉了。

這些飛機花費不菲。例如，一架先進的四發動機遠端轟炸機耗資三十五萬美元；一架先進的攔截驅逐機耗資13.3萬美元；一駕中程轟炸機耗資十六萬美元。

一九三三年時，我們只有三百五十五門防空火炮。我們現在擁有各型先進的防空火炮一千七百多門。大家應該知道，一門三英寸的防空火炮，耗資就是四萬美元，這還不包括與之配套的射擊控制裝置。

一九三三年，全陸軍只有二十四個現代化的步兵團，現在，我們擁有的步兵團，即將超過一千六百個。

一九三三年，我們僅有四十八輛先進戰車和裝甲車；今天我們擁有的先進戰車和裝甲車共一千七百輛，每一輛重型戰車都耗資四萬六千美元。

一九三三年來，我們還在許多其他方面進步神速，而且大部分都配備了先進的裝備。

一九三三年，我們的陸軍飛行員總數爲一千二百六十三人。今天我們僅陸軍就有三千多名全世界最優秀的戰機飛行員，他們在去年的戰鬥訓練中飛行了一百多萬小時，此數字還不包括國民警衛隊和後備役中的數百名傑出飛行員。

去年一年內，航空工業生產軍用飛機的生產能力急劇增加。去年，這種生產能力雖然增加了一倍多，但依然不夠滿足需要。但是，聯邦政府與航空工業竭誠合作，決心增加其產能以滿足我們的需要。我們要充分發揮這些航空製造商提供的設備之效率，使聯邦政府每年生產五千駕飛機的計畫得以實現。

關於飛機還有一則消息我們已經看到很多次了。近來的戰爭，包括歐洲目前的戰爭已經無可爭議地表明，戰鬥效率依賴的是統一指揮、統一控制。

在海上協同作戰中，飛機和潛艇、驅逐艦及其他戰艦一樣，都是聯合作戰的重要組成部分；而在陸地戰鬥中，飛機和坦克群、工兵、炮兵或步兵的地位同等重要，都是武裝軍事行動的重要部件。因此，空軍應該繼續成爲陸海軍的一部分。

根據我的要求，國會本周就會對和平時期陸軍或海軍提出的最大撥款提案進行投票。加上陸海軍用於裝備和訓練的經費，我們用於陸海軍的經費總額將比我給大家提供的數字還要多。

世界形勢瞬息萬變，我們有必要對我們的計畫隨時進行重新評價。在這方面，我相信，美國國會和總統能夠作爲一個團隊和諧共處，就像他們今天正在做的那樣。

一旦需要，我任何時候都將毫不猶豫地提出新的撥款要求。

在這個快速的機械化戰爭時代，我們都要記住，今天先進的、最新式的、最有效而實用的武器裝備，明天就會落伍、陳舊不堪。

甚至在生產線上製造飛機的同時，新型飛機也正在工作臺上進行著設計。即使一艘巡洋艦沿下水滑道滑行之時，關於在下一個型號中如何改進，如何提高其效率的計畫正在設計師的規劃藍圖上現出端倪。

每天發生在歐洲大陸、海上和空中的戰鬥都展現出戰爭手段的萬般變化。我們正在不斷地改進和重新設計，試驗新式武器，從當前的戰爭中汲取經驗教訓，並努力發揮人們的聰明才智，製造出最先進的武器裝備。

我們號召集合了國內各種戰略物資製造商的資源、效率和創造性來生產飛機、坦克、槍枝、船舶以及數百種其他戰略物資。美國政府本身只能生產很少一部分的作戰物資。私營企業繼續成爲軍品的最大製造商。私營企業必須開足馬力進行生產，以滿足當前的需要。

我知道，我們不能指望私營企業馬上籌集到用於擴建工廠、招募人員所需的全部資金以滿足該計畫的需要。讓工業公司或它們的投資家這麼做是不公平的，因爲國際關係有可能發生變化，一兩年後的訂貨會停止或減少。

因此，美國政府已經準備好預付這筆必不可少的資金，以幫助擴建工廠，建立新的車間，雇用數千名工人，爲數百種原物料的供應開發新的來源，並發展快捷的大宗運輸業。華盛頓正在夜以繼日地工作，以制定所有這些計畫的細節。

我們正在號召從事私營事業的人幫助我們實現這個計畫。你們將會在接下來的幾天得到更多關於該計畫的細節。

這並非意味著我們所號召的人將從事實際的戰略物資的生產，這將在全國各地的車間和工廠中進行。私營企業將有責任盡其所能提供最出色、最有效、最快速的大生產設備。我們號召其提供援助的這些商人的職能是在這個計畫中進行配合——確保所有車間繼續以最高速度和效率進行運轉。

精明強幹、富有愛國心的美國人從各個領域齊集華盛頓，用他們訓練有素、具有豐富經歷和出色的能力助聯邦政府一臂之力。

我們的目標不僅是要加快生產速度，而且要增加全國的產能，以應對將來的緊急需要。但是在該計畫穩步推進時，有些問題必須要繼續加以關注和防範。這些問題同鞏固的國防和實際的武器裝備本身同等重要。我們的海軍、飛機、大炮和軍艦是我們的第一道防線，但還有件事是很明顯的：一個自由民族的精神和士氣是從最底層支撐著它們，給它們以力量、生機和動力的東西。

出於這樣的原因，我們在所做的一切事情上一定要保證，不允許在過去這些年所取得的任何重大社會進步半途而廢或乾脆取消。我們已經全面開展了反對社會與經濟不平等和權力濫用的現象。這些現象使我們的社會變得弱不禁風。這種進攻態勢現在不應因某些人發動的鉗形攻勢而中斷。這些人利用當前的軍事防禦物質需要進行兩面夾擊，企圖進行破壞。

在我們目前所處的非常時刻，沒有哪件事能證明讓工人們辛勤勞作的時間比現在法律限定的時間更長是正當的。隨著訂單逐漸增多，要做的工作越來越多，成千上萬名現在還失業的人將會獲得工作機會。

在我們目前所處的非常時刻，沒有哪件事能證明降低就業標準是正當的，最低工資不應被減少。的確，我希望隨著生產的逐步加快，許多現在還付給工人低於最低工資標準的企業會提高其工資水準。

在我們目前所處的非常時刻，沒有哪件事能證明停止支付養老保險和失業保險的做法是正當的。我更希望看到的是，將這一制度擴展到其他目前還無緣享受此專案的群體中去。

在我們目前所處的非常時刻，沒有哪件事能證明從我們的任何一個社會目標——從自然資源保護、扶持農業、住房到幫助貧困的人——當中退卻是正當的。

然而，恰恰相反，我堅信，負責的領導人都不會容許某些代表工廠或車間全體雇員中一小撮人的特殊群體來中斷大多數雇員的就業進程。我們大家要記住，集體談判的政策和法律依然有效。我能夠向大家保證，在完成這項防務計畫的過程中，華盛頓會充分考慮工人們的利益。

還有，我們目前的緊急形勢和莊嚴的共識都要求我們必須做到：在美國不能因海外戰爭而形成新的戰爭百萬富翁集團。美國人民不贊成任何公民在人類遭受血腥殺戮和磨難的危急時刻大發橫財。

最後一點，這種非常時刻必須保護美國的消費者，以使我們的基本生活消費保持在合理的水準上。我們應當避免第一次世界大戰時的螺旋式發展進程，當時所有物品的價格節節攀升。對我國每一個老闆來說，最合理的政策是幫助數百萬失業的人提供有效的就業機會，透過提高這數百萬人的購買力，全國的繁榮才能提高到新水準。

國家安全今天所面臨的威脅不僅僅是軍用武器裝備的問題，我們也瞭解到一些新式的攻擊手段。

特洛伊木馬。目前有第五縱隊①——對背信棄義毫無防備的國家進行破壞。間諜、破壞分子和叛國者都是這次新悲劇中的主要角色。對此，我們現在必須，而且將來也要全力加以應對。

還有一種伎倆用來從根本上削弱一個國家，瓦解一個民族生活的整個生活模式。我們瞭解這一點非常重要。

這種伎倆很簡單，首先是播撒不和諧的種子。一個不必很大的集團——這個集團可能是地區性的、種族性的或政治性的——通過虛假宣傳和情感誘惑等手段鼓動偏見的蔓延。那些心懷叵測而慫恿這些集團的人，其目標是製造混亂，使公眾優柔寡斷、政治癱瘓，最終使國家陷入恐慌狀態。

人們用一種新的、缺乏理性的懷疑論觀點，不是透過誠實而有益的政治爭論，而是透過外國代理人的陰謀詭計來審視合情合理的國家政策。

使用這些新手法的結果是，軍備計畫有可能被危險地拖延，國家目標的單純性可能遭到破壞，人們互相沒有信心，並因此喪失對自己所採取聯合行動的信心。信念與勇氣讓位於懷疑和恐懼。國家的團結變得支離破碎，其力量也遭到破壞。

所有這一切都不是誇大其詞。這在過去兩年裏已分別在一個接一個國家發生過了。幸運的是，美國的男人和婦女並不那麼容易受到愚弄。群體仇恨和階級鬥爭在我們中間從來都沒有取得多少進展，現在也沒有什麼進展可言。但是，新的力量正得以釋放出來。像其他國家以前曾經被削弱的那樣，精心編制的虛假宣傳，使我們面臨被分裂和削弱的危險。

這些分裂力量是純粹的毒藥。它們已經在舊世界②散布開來。必須阻止這些毒藥在新世界傳播。我們的士氣和我們的精神防線一定要過度戒備，以防止那些人投擲煙霧彈來干擾我們的視線。

防衛計畫的發展使我們每一個人，不論男女，都必須感受到，我們對於自己的國家安全做出了貢獻。

此刻，當這個世界——包括我們的美洲半球——受到破壞力量威脅時，我和大家都有決心把國防力量建設得更加強大。

我們要把國防建設成爲滿足任何需要的國防。

隨著戰爭手段不斷變化，我們一定要不斷重建我們的國防。

三個多世紀以來，我們美國人在這塊大陸上始終在建設一個自由的社會，在這裏，人類精神的承諾或許會得到踐行，全世界追求這個承諾的所有民族，其鮮血和智慧均彙集於此。

我們已經幹得很出色了，我們正繼續使生活在美國的所有家庭享有一個自由社會，一個自由而高效的經濟制度的佑護。這就是美國的諾言。

這也是我們一定得繼續建設的承諾，是我們一定要繼續捍衛的承諾。

這是我們這代人的使命，你們的和我的。

不過，我們不僅僅是爲我們這代人建設和捍衛我們的承諾。我們捍衛的是先父們所奠定的基礎。我們爲未來幾代人開創一種生活方式。我們捍衛和建設的生活方式不只爲了美國自己，而是爲了全人類。我們的職責無比崇高！我們的任務無比光榮！

我日夜祈禱這個瘋狂的世界恢復和平。我作爲美國總統沒有必要要求美國人民爲了這樣的事業進行祈禱，因爲我知道你們正在和我一起祈禱著。

我相信，這塊土地上的每一位男人、婦女和兒童在清醒的每一分鐘，都發自內心地向全能的上帝發出懇求。我們所有人都祈求結束不幸與饑餓，結束死亡與破壞——全世界重新恢復和平。爲了全人類的博愛，你們的祈禱和我的祈禱同在——上帝將撫平人類肉體和精神的創傷！

注釋：

①第五縱隊（Fifth Column）為西班牙內戰期間在共和國後方活動的叛徒、間諜和破壞分子的總稱。後來，第五縱隊成為帝國主義在別國進行顛覆活動的間諜特務之通稱。

②這裏的舊世界，指相對於新世界（美洲）的歐洲。

16

談國家安全

——一九四〇年十一月二十九日，星期日

誠如羅斯福所說，此篇所談是國家的安全保障。軸心國結盟之後，美國國家安全形勢已發生變化，危險迫在眉睫，此時保障的措施已經不是「中立」、「隔絕」，而是更加積極，即給歐洲那些反法西斯主義國家以裝備和物質支持，使美國成為「民主制度的巨大兵工廠」。羅斯福指出，他的方針「從目前看，風險最小；從長遠來看，會給世界和平帶來最大的希望」。

朋友們：

這不是一次關於戰爭的「爐邊談話」。我要談的內容是有關國家安全保障的問題。因爲做總統的核心目的，就是想讓你們、你們的孩子以及你們的子孫後代，不需要再透過拼死抵抗來捍衛美國的獨立以及隨之所賦予你、我和我們大家的一切。

今晚，面對世界性危機，我思緒萬千，回憶起八年前國內危機時期的一個晚上。當時，美國工業之輪嘎然而止，全國銀行系統不再運行。

我還清楚地記得，當我坐在白宮書房裏準備向美國人民講話時，眼前浮現的是所有正在聽我講話的美國人的樣子。我看到製造廠、礦井和工廠裏的工人，櫃檯後面的女招待，小店主，正在春耕的農民；我還看到爲自己畢生積蓄擔驚受怕的寡婦和老人。

我試圖向美國大眾解釋，銀行危機對他們的日常生活來說意味著什麼。

今晚，我要和我的人民做出同樣的事，以應對美國面臨的這場新危機。

我們以果敢的精神和現實的態度應對了一九三三年的危機。

現在，我們要以同樣的勇氣和現實主義態度面對新的危機——面對我國安全受到的新威脅。

自從美國文明在詹姆士敦和普利茅斯巨礫①上紮根以來，我們從未遇到過眼下這樣嚴峻的危險。

因爲一九四〇年即今年九月二十七日，三個強國——兩個是歐洲強國，一個是亞洲強國，在柏林簽署了協定②。它們勾結起來恫嚇美國，如果美國干預或者制止這三個國家的擴張計畫——它們企圖控制全球的計畫，它們將孤注一擲，聯合起來，將矛頭直指美國。

納粹德國主子們的用心昭然若揭，他們不僅要控制本國人民的生活和思想，還要置整個歐洲於其鐵蹄之下，然後利用歐洲的資源征服全世界。

僅在三個星期前，他們的元首③聲稱：「世界上存在著兩個勢不兩立的陣營。」接著此人用挑釁的口吻回答他的對手：「要是有人說，我們在這個世界上永遠不會安分守己，那他們就說對了，我能夠擊敗世界上任何一個強大對手。」

換言之，軸心國不僅僅承認，而且公開聲明，他們的政治觀點同我們的政治觀點最終沒有可調和的餘地。

就這不可否認的威脅而言，我們可以毫無疑問地斷言，只要這些侵略國不明確表示願意放棄統治和征服全世界的念頭，美國就沒有權利、也沒有理由去與它們進行和談。

此刻，那些與生活在自由之中的人民爲敵的軍事同盟國的武裝力量，被阻止在遠離我國海岸的地方。德國人和義大利人在大西洋的另一端，受到英國人和希臘人以及大批逃離被佔領國的陸海軍官兵的阻遏。在亞洲，日本人遇上了中華民族的頑強反擊，而太平洋上有我們的艦隊。

我們有些人一廂情願地認爲，戰爭發生在歐洲和亞洲，與自己無關。但是，這是一個同我們有著生死存亡關係的問題，即不能讓戰爭製造者控制通向我們這個半球的海域。

一百一十七年前，門羅主義④被我國政府定爲護國之本。當時歐洲大陸聯合起來，使我們這個半球面臨威脅。後來，我們以不列顛爲鄰，守衛著大西洋，沒有什麼條約，也沒什麼「不成文協定」。

但是，有一種觀點，一種被歷史證明爲正確的觀點，即我們作爲睦鄰，可以用和平的方式來解決任何爭端。事實上，在一段漫長的歲月裏，西半球始終得以免遭來自歐洲和亞洲的侵略。

是否有人深信，當一個自由的不列顛依然是我們在大西洋上的強有力海上鄰國時，我們就不必擔心美洲任何地方會遭受襲擊了？反之，如果軸心國與我們爲鄰，我們也可以高枕無憂了？

一旦不列顛淪陷，軸心國就會控制歐洲、亞洲和非洲大陸、澳大拉西亞⑤和公海——它們佔據了有利位置，就能調動大量陸軍和海軍對我們發動進攻。到那時，我們全美洲，不僅在經濟上，而且在軍事上，都會直接面臨槍口的威脅——一支彈已上膛的槍，這並非是危言聳聽。那時，我們就會進入一個既陌生又可怕的時代。整個世界，包括我們這個半球，都會被野蠻勢力的威脅所籠罩。而要想在這個世界上生存下去，我們將不得不根據戰爭經濟的需求，永遠變成一個窮兵黷武的國家。

我們有些人一廂情願地認爲，即使不列顛淪陷，我們照樣安然無恙，因爲浩瀚的大西洋和太平洋將是一道屏障。

但帆船時代已經一去不復返了，遼闊的海域已經失去了昔日的作用。從非洲某地到達巴西某地，其距離比從華盛頓到科羅拉多州丹佛市還要近。最新式轟炸機只需五小時即可飛完全程。在太平洋北端，美洲和亞洲幾乎毗鄰接壤。

甚至就在今天，我們的飛機也能從不列顛群島起飛到新英格蘭，再返航回來，途中不用加油。這讓我們清楚地意識到，現代化轟炸機的攻擊範圍還在不斷擴大。

在過去的一個星期裏，我國各行各業的大多數人民已向我表達出他們想讓我在今晚說些什麼。即他們都以極大的勇氣想瞭解現在戰事的實際情況。但我也接到這樣一封電報，上面的觀點代表著一小撮不敢正視罪惡、不願聽見罪惡者的想法，即使他們心知肚明罪惡的存在。發來電報的人乞求我不要強調有一天我們西半球安逸的美國城市也可能遭到敵對勢力的轟炸。電報的主旨是：「求求您，總統先生，我們不想被現實嚇到。」

直言不諱地說，危險迫在眉睫，我們必須準備應付這種危險。毫無疑問，我們不能爬上床，用被子蒙住頭，以這種辦法逃避危險，或者擺脫恐懼心理。

歐洲有些國家同德國締結了煞有介事的互不干涉協定，另外的國家則得到德國永不入侵的保證。不管是否有互不干涉協定，事實仍然是他們遭到了進攻和蹂躪，陷入了現代形式的奴役。他們事前一個小時才得到宣戰警告，甚至毫無警告。幾天前這類國家的一位流亡領導人對我說：「這種警告不如沒有，德國軍隊從成百個地點入侵我國，兩個小時後我的政府才接到警告。」

這些國家的命運告訴我們，生活在納粹的槍口下意味著什麼。

納粹對這種行爲用各類道貌岸然的謊言加以辯解。這類謊言編織了兩個藉口，一個是，佔領一個國家是爲了「恢復秩序」；另一個藉口則是，佔領或控制一國是爲了「保護它」免遭別人的侵略。

比如，佔領比利時，德國人就說他們是爲了從英國人手中解救比利時人。由此推斷，他們難道會遲疑對任何南美國家說：「我們佔領你們，是爲了保護你們免遭美國的侵略」嗎？

今天，比利時正被德國當作對殊死鬥爭的英國人入侵的基地。任何一個南美國家落入納粹之手，也都會成爲德國進攻西半球其他共和國的跳板。

如果納粹勝利了，其他兩個距離德國更近的地方會是怎樣的命運，大家不妨來分析一下。愛爾蘭能夠倖免嗎？愛爾蘭的自由會在一個沒有自由的世界裏成爲奇特的例外嗎？飄揚著葡萄牙旗幟的亞速爾群島又會怎樣呢？你們和我都認爲夏威夷是太平洋上的前哨基地。可是，亞速爾群島距離我們大西洋海岸比另一邊的夏威夷美國本土還要更近。

有那麼一些人，他們說軸心國永遠都不至於有進攻西半球的打算。毀壞眾多被征服民族抵抗力的，正是這種如出一轍的癡心妄想。事實再清楚不過了，納粹一再宣稱，所有其他種族都比他們低劣，因而應當聽命於他們。而且最重要的是，美洲的豐富資源和財富正是世界上最令人垂涎的戰利品。

壓垮、破壞、腐蝕許多其他民族的邪惡勢力，已經進入我們的大門，這是不容否認的現實，我們不能視而不見！你們的政府對他們的情況瞭解甚多，因爲每天都會查獲他們的行徑。

他們的間諜在我國的鄰國也很活躍。他們企圖煽起懷疑與不和來製造內亂。他們竭力煽動資方和勞方互相對立。他們竭力挑唆本不該有而且早已平息的種族和宗教之間的敵意。他們利用我們對戰爭的反感來達到自己的目的。這些造謠生事的人只有一個目標，那就是把我們的人民分裂成敵對集團，破壞我們的團結，摧毀我們保衛自己的意志。

還有一些美國公民，其中許多人還身居高位，雖然多數情況下並非出於故意，實際上卻是在協助這些特務的工作。我並不是在指責這些美國公民充當外國特務，不過我卻要指責他們做了獨裁者想在美國做的事情。

這些人相信我們可以不管其他國家命運而平安躲過戰爭，而且其中有些人走得更遠，他們說我們甚至應該成爲軸心國的朋友乃至夥伴，還建議我們效仿那些獨裁國家。美國人永遠不能那樣做，也絕不願意那樣做。

過去兩年來的經驗已經清楚證明，任何國家都不能對納粹姑息縱容。沒有誰可以靠撫摸讓老虎馴成小貓。殘忍的行爲不能姑息，對燃燒彈講不得道理。我們知道，一個國家只有徹底投降才能與納粹共用和平。

義大利人民已經被迫成爲納粹的同夥；但是，目前他們還不知道自己多快就會在盟友的擁抱中死去。

喜歡姑息縱容的美國人，對奧地利、捷克斯洛伐克、波蘭、挪威、比利時、荷蘭、丹麥和法國這些國家的命運給予的警示置之不理。他們對你們說，軸心國肯定能贏得這場戰爭，世界原本可以避免眼下所有的流血犧牲；美國倒不如爲促進強制和平而施加自己的影響，從而爭取到我們的最好結果。

他們把這叫作「談判和平」。簡直是一派胡言！如果你們的居民被一夥亡命之徒圍困，他們強迫你們交出錢財以求免於一死，難道這也算得上談判和平？

強制和平絕不是什麼和平。那只不過是另一次停戰，其結果將會帶來有史以來耗資最龐大的軍備競賽，和破壞性最嚴重的貿易戰爭。而在軸心國的對抗中，只有南北美洲才眞正能夠與之抗衡。

不論他們如何吹噓自己的作用，如何誇耀戰爭目標的神聖，他們背後卻是集中營和帶著鐐銬的上帝信徒。

近些年來的歷史證明，對現代獨裁國家來說，槍殺、鐐銬、集中營並不只是暫時使用的工具，而恰恰是他們的祭壇。他們口頭上談論世界「新秩序」，腦子裏想的卻是復辟最古老和最惡劣的專制暴政。在那種專制暴政下，根本不存在自由、宗教和希望。

所謂「新秩序」，與歐洲美國或亞洲美國的理念根本對立。它不是一種爲被統治者認可的統治形式。它不是普通人爲了保障自由、尊嚴和免於受到壓制而組成的聯邦。它是一種建立在權利和贓物基礎上的支配與奴役人類的非神聖同盟。

今天，英國人民及其盟友正在對這個非神聖同盟進行著一場積極的戰爭。這場戰爭的結局在相當程度上決定著我們未來的安全。我們「置身於戰爭之外」的能力將受到這個結局的影響。

思考今天，展望未來，我直言不諱地告訴你們：美國要想盡可能不捲入這場戰爭，現在就要不遺餘力地支持那些正在保衛自己並對抗軸心國的國家，不能對它們的失敗袖手旁觀，也不能屈服於軸心國的勝利，坐待它下一輪對我們進攻。

當然，我們必須承認，我們採取任何方針都要承擔風險。但是我堅信，我國絕大多數人都會同意我所提議的方針：從目前來看，風險最小；從長遠來看，會給世界和平帶來最大的希望。

歐洲人民正在保衛自己，他們沒有要求我們替他們作戰。他們請我們提供戰鬥工具，提供飛機、坦克、槍枝和貨船，使他們能爲自己的自由、從而也爲我們的安全而戰。重要的是我們必須爲他們提供這些武器，而且盡可能多、盡可能快地提供給他們。這樣，我們和我們的孩子們就可以免受別人正在忍受的戰爭和磨難。

不要讓失敗主義者對我們說已經太晚，永遠也不可能更早了，明天則會比今天更晚。

某些事實無需多說，就已了然。

從軍事意義上講，不列顛和英國現在是抵抗世界性征服的先鋒，他們進行的戰鬥必將在人類英勇事蹟的史冊上萬古流芳。

並沒有人要求我們派遣遠征軍出國，政府裏也沒有人打算派遣這樣一支軍隊。因此，關於派軍隊去歐洲的任何說法，你們都可以將其作爲蓄意的造謠予以戳穿。

我們的國策並不是致力於戰爭，其唯一目標是使我們的國家和人民免於戰爭。

民主制度反抗世界征服的鬥爭，在很大程度上得益於美國的幫助——得益於我們對他們軍事力量的重新裝備，以及我們盡可能地把武器和物資運往他們的前線——而且他們必將在更大程度上得益於我們的幫助。瑞典、俄國和其他靠近德國的國家，每天都在把鋼材、礦石、汽油和其他戰爭物資運進德國，我們這樣做也並非更爲不守中立。

我們正緊迫地規劃著如何自我防禦。我們建立的防禦體系裏，也必須包括英國以及其他抵抗侵略的自由國家。

這並非感情問題或者有爭議的個人意見問題，這是此時此刻實實在在的軍事政策問題。這項政策是根據密切追蹤當前戰爭形勢的軍事專家所建議的。這些陸海軍專家、國會議員以及政府，只有一個單純的目標——保衛美利堅合眾國。

我國正在以巨大的努力來生產當前緊急需要的一切——而且要以儘快的速度。巨大的努力需要付出巨大的犧牲。

如果民主制度不能保障每一個國民免於匱乏和恐懼，我就不會要求任何人去保衛它。我國的國力不能因爲政府未能保障公民的經濟利益而有所削弱。

如果我們的生產能力受到了機器的限制，我們千萬要牢記：機器是靠工人的技巧和體力來操縱的。既然政府決心保衛工人的權利，國家也就有權要求掌握機器的人盡到自己的全部職責，努力生產當前防務急需的東西。

工人同樣具有做人的尊嚴，應該與工程師、管理者和雇主同樣享受工作崗位的保障。因爲，工人們提供了生產驅逐艦、飛機和坦克的人力。

國家要求我們的防務工廠持續開工，而不是被罷工或關廠所打斷。國家要求並且堅持資方和勞工通過自願及合法的手段調解他們之間的分歧，以繼續生產我們迫切需要的物資。

在我們規劃防務的經濟問題上，正如你們所瞭解到的，我們正在盡一切努力維持物價和生活費用的穩定。

九天以前，我曾宣佈成立一個更爲有效的機構，以便指導我們大量增加軍事裝備和物資的生產。撥出巨額款項，對我們的努力進行行政指導，這些都還遠遠不夠。槍炮、飛機、艦艇和許多其他東西，都需要在美國的工廠和兵工廠裏製造。它們都要由工人以及經理和工程師來組織生產，還要有機器的幫助，而機器又要由全國各地的千百萬人來製造。

在這項偉大的工作裏，政府、企業和勞工的合作一直十分友好；我對此深懷感激。美國工業界的天才解決生產問題的能力舉世無雙，他們已被喚起，將以其聰明才智在戰鬥中一展風采。手錶廠、農具廠、活字鑄造廠、現金出納機廠、縫紉機廠、割草機廠和機車製造廠等等，現在紛紛轉而生產導火線、炸藥箱、望遠鏡底座、炮彈、手槍和坦克。

但是我們目前的一切努力還不夠，我們必須有更多的船隻、更多的槍炮、更多的飛機——更多的一切物品。我們只有摒棄「照常辦事」的概念，才能達到上述目標。僅僅依靠現有的生產設備，附加一些國防的需要是不能實現這一目標的。

我們的防衛努力，絕不能受到那些擔心將來工廠生產能力過剩者的阻礙，目前的防衛努力一旦失敗的後果更令人擔憂。

在當前的防務需要成爲過去之後，所有生產能力都將轉化爲新的生產能力而符合和平時期的需要——假如不是更多的話。

關於美國未來的任何悲觀政策都不能拖延工業的擴充，因爲它對我們的防務必不可少，我們需要這些工業。

我想表明，我國的目的就是在當下儘快讓所有的機器、所有的兵工廠和我們所要求的任何一家工廠，製造出所需要的防衛物資。我們有人、有技術和財富，最重要的是，我們有決心。

我由衷地相信，萬一軍需物資迫切需要某些工廠生產消費品或奢侈品，那麼這些工廠一定會服從而且是欣然服從我們迫切的目標。

我呼籲全體工廠主、經理、工人和政府雇員，爲儘快生產出軍需品而毫不吝惜地貢獻出一切力量。與此同時，我向你們保證，全體政府官員也會全心全意地投身於擺在我們面前的偉大使命。

我國必須成爲民主制度的巨大兵工廠。對我們來說，其迫切性不亞於投身戰場。我們必須像親臨戰爭一樣，以同樣的決心、同樣的迫切感、同樣的愛國主義和獻身精神來投身於我們的工作。

我們已爲英國提供了大量的物資幫助，在未來我們還將提供更多⑥。

我們對援助大不列顛的決心不存在「瓶頸」。沒有一個獨裁者，或是幾個勾結起來的獨裁者，能夠透過威脅來削弱我們的決心。

英國人得到了來自英勇的希臘軍團和所有流亡政府⑦的軍事力量支持。他們的力量還在增長，這是珍惜自由更勝於珍惜生命的人所產生的力量。

我們沒有理由談論失敗主義，我們有足夠的理由充滿希望——對和平的希望，當然，還有保衛文明的希望和在未來建設更加美好文明的希望。

我深信，美國人民現在正堅定不移地以前所未有的努力，來增加各種防衛物資的生產，迎擊民主信仰所受到的威脅。

作爲美國總統，我號召全國人民作出這種努力，我以祖國的名義發出這一號召，因爲我們熱愛她、尊敬她，我們以能爲她服務而感到自豪和榮幸。我堅信，我們的共同事業必將取得巨大的成功，我向我們的人民發出這一號召。

注釋：

①這裏的兩處都是地名。詹姆士敦（Jamestown）在維吉尼亞州，是英格蘭人在北美的第一個定居地（一六〇七），也是新大陸第一次立法會議舉行（一六一九）的地點。普利茅斯巨礫（Plymouth Rock）在麻塞諸塞州，是一六二〇年英國清教徒登陸北美的地點，也是新英格蘭地區的第一個定居地。

②這個協議即《德日意三國同盟條約》，通稱《三國軸心協定》。

③這裏的元首，指納粹德國元首希特勒。

④門羅主義（Monroe Doctrine），指一九二三年十一月二日時任總統門羅致國會諮文中提出的外交方針，旨在借反對歐洲列強干涉美洲之名，保證美國奪取和獨佔對中南美洲國家的控制權。其口號是「美洲是美洲人的美洲」，實質是「美洲是美國人的美洲」。

⑤澳大亞（Australasia），泛指澳大利亞、紐西蘭及西南太平洋諸島。

⑥羅斯福政府在大戰爆發前保持中立，非軍事物資也須「現購自運」。一九三九年十一月，邱吉爾致信羅斯福，表明英國非常需要美國的裝備與物資，但無力購買。此時羅斯福欣然考慮用租借的名義給英國提供援助，從而使美國成為「民主制度的兵工廠」。

⑦二戰初期，大多數歐洲國家淪陷，許多國家的政府人士紛紛流亡英國，建立抵抗政府，共商反法西斯大計，組織武裝力量支援英國，並在其本國進行游擊戰爭。

17 宣佈全國進入無限期緊急狀態

——一九四一年五月二十七日，星期二

這是最長的一次「爐邊談話」。篇中，羅斯福揭露了以希特勒為代表的法西斯所建立的「新世界」醜惡行徑，暗示美國應拋棄那種倖免於這場世界大戰的幼稚想法。在這次最長的談話中，羅斯福不厭其煩地展示了法西斯侵略之下的種種現實和可能景象，極盡耐心地號召並敦促美國各界放棄孤立主義的傳統做法。在結束談話之時，羅斯福宣佈全國進入無限期的緊急狀態，使武裝力量處於戰備狀態。

我的美國同胞、朋友們：

今晚我在白宮發表講話，在座的有泛美聯盟①理事會理事、加拿大公使及其家人。泛美聯盟委員會的成員有駐華盛頓的美國各加盟共和國的大使及部長們。我在此時發表講話是十分恰當的，因爲美國各共和國的統一，對我們每一個人及全世界的自由事業從沒有像現在這樣重要。我們的未來——及未來的獨立，都與我們姐妹共和國的獨立有著密切的聯繫。

我們面臨迫在眉睫的問題是軍事問題，尤其是海軍問題。在那些充滿渴望的思想家或感傷主義者看來，這些問題我們無法解決。我們所面臨的是冰冷的、嚴峻的現實。

第一個事實是，歐洲戰爭已經升級爲統治世界的戰爭，這也正是納粹一直以來所想達到的目

的。

阿道夫·希特勒從未把征服歐洲作爲自己的終極目標，征服歐洲只是朝征服所有其他大陸的終極目標邁出的第一步。只有用強有力的手段制止希特勒主義②的推進，否則西半球將處於納粹毀滅性武器的打擊之下，這一點是顯而易見的。

爲了自身的防禦，我們也相對地採取了某些明顯必要的措施。

首先，我們已與其他的共和國締結了一系列條約，這將進一步鞏固我們這半球來應對共同的危險。其次，一年前，我們開始並成功地實施有史以來最大規模的軍隊建設計畫。

我們對海軍的投入大大增加了。我們已經聚集了人力來建設一支新的軍隊，這支軍隊早已具有了光榮傳統。

我們建立了支持民主的援助政策——援助那些爲了人類自由而鬥爭的國家。

這項政策始於戰爭爆發的第一個月，當時我敦促國會廢除了中立法的武器禁運條款。在一九三九年九月的諮文中我談到，「我眞想具備這樣的能力給人們以希望，讓籠罩在地球上空的陰影快速逝去。但我沒有這樣的能力，現實迫使我必須如實的做出聲明：黑暗即將來臨。」

在這之後的幾個月中，陰影越來越黑暗，越來越延展。黑夜籠罩著波蘭、丹麥、挪威、荷蘭、盧森堡以及法國。

一九四〇年六月，英國獨自與同盟國的恐怖戰爭機器抗衡。我國政府緊急運送武器以滿足英國戰爭需求。一九四〇年九月，我們與英國達成一項協議，出售給英國五十艘驅逐艦以保衛重要的近海基地。

一九四一年三月，國會通過了《租借法案》③，並批准七十億美元以實施該法案。該法案規定，只要總統認為對美國的防禦是至關重要的，將給予任何國家和政府以物質上的援助。

這項捍衛民主的援助計畫，基於對我們自身的安全考慮，以及對我們賴以生存的文明世界的安全考慮。我們花費的每一美元援助物資都將起到一份作用，將獨裁者阻擋在我們的半球之外。每拖延一天，都將使我們有更多時間生產更多的槍支、坦克飛機和戰艦。

我們的援助是出於自身利益的考慮，這一點我們絲毫沒有掩飾。英國理解這一點，納粹德國也不例外。

如今，一年過去了，英國仍在英勇的戰鬥，戰線拉得極長，到處硝煙密佈。我們日復一日的加大生產力度。戰略物資的供應是為了我們自己，也為了英國和中國——最終是為了所有的民主國家。

戰略物資的供應不會減少，只能增加。隨著援助的不斷加大，美國以及其他共和國在今天的局面下起草聲明了他們的路線方針。

其他政府應該知道，如果希特勒獲勝將會強加給你們什麼樣的條件，很可能只是一些條款，而基於這些條款該政府必須接受一種所謂的「談判換來的」（negotiated）和平。

根據這些條件，德國將重新劃分世界——在廣闊的領土上升起納粹萬字旗，按自己的意願建立傀儡政府，這些傀儡政府將完全服從於納粹征服者的意志以及政策。

勝利後的希特勒會對美國人民說：「我完全心滿意足了，這是我最後的領土再調整」，這和希特勒在慕尼克及奧地利和捷克斯洛伐克所說的完全一致。當然了，他還會補充說：「我們所追求的一切是和平和友誼，以及在新世界中與你們互利的貿易往來。」

如果美洲人眞的如此頭腦簡單和健忘、並聽信其甜言蜜語的話，將會發生什麼事呢？

那些想在「新世界」中尋求利益的人，會堅持認爲獨裁者所渴望的是「和平」。他們會反對爲建立一支更強大的美軍付出艱苦的勞動及加納高額的稅。而在這同時，獨裁者會強迫被征服地區的「舊世界」接受他們所建立制度——獨裁者會建立強大的海軍和空間，目的在於控制大西洋以及太平洋。

獨裁者將進一步加強對若干國家的經濟束縛。他們會尋找吉斯林④之流，以顚覆各共和國的政府，納粹必要時也會以入侵支持他們的第五縱隊。

對這一切我並非憑空想像，我只是在重複納粹已經對世界執行的計畫。納粹打算像對待巴爾幹半島的國家一樣對待拉丁美洲的國家，他們打算陸續對付美國和加拿大。

美國的勞動者將不得不與世界其他地方的奴隸勞工競爭。最低工資加上最長的工作時間，工資和工作時間將由希特勒決定。人的尊嚴和力量以及美國人的生活水準將一去不復返。工會將成爲歷史，工會與雇主間的談判將成爲笑話。

農場收入？沒有了國際貿易，農場的利潤會怎樣？美國農民用自己的產品所換到的將是希特勒想給予的（希特勒會這樣做的），美國的農民將要面臨災難及徹底的統治。

關稅壁壘——中國式的閉關鎖國——也是徒勞的，自由貿易對我們的經濟生活是至關重要的。我們生產的糧食吃不完；我們開採的石油用不完；我們生產的商品消費不完。美國將不會有關稅壁壘將納粹的商品阻擋在國門之外，而納粹卻會有關稅壁壘來阻止我們的產品。

在這樣一種制度下，我們所熟知的整個生活結構——商業和加工製造業，礦業和農業——所有的一切都將遭受破壞，受到嚴重的影響。

要想維持我們的獨立，將需要永久性的動用人力資源；這將大幅減少我們用於教育、住房、公共事業、洪水防治以及健康保健的資金。取而代之的是，我們必須長期將資源用於軍隊的建設。我們將年復一年，日日夜夜的警戒著對我們城市的破壞。

是的，甚至是禮拜的權利也將受到威脅。

納粹除了承認希特勒，並不承認任何上帝。因爲納粹和共產主義一樣不承認上帝的存在。在這樣一個道德標準用背信棄義、行賄受賄以及是否是第五縱隊隊員來衡量的世界上，哪有空間容得下宗教去宣講人類及靈魂的尊嚴？我們的後代該不會也茫然地踏著鵝步⑤去尋求新的上帝嗎？

我們不能接受、也不會允許納粹所設想的一切降臨到我們的頭上。

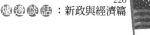

如果我們能用勇氣和智慧去面對目前的危機，納粹的一切將不會強加於我們。唯有憑藉勇氣和智慧讓我們的國家在所有危機中立於不敗之地。

今天，納粹已經用武力佔領了歐洲絕大多數地區。在非洲，他們已經佔領了的黎波里和利比亞，並且正在威脅埃及、蘇伊士運河以及近東。但納粹的擴張計畫不會到此爲止，因爲印度洋是進入遠東的門戶。

納粹的鐵騎將隨時佔領西班牙和葡萄牙，不僅會威脅到法國、北非和地中海的西海岸，還會威脅到大西洋的要塞達喀爾，以及我們新大陸的前哨——亞速爾群島和佛德角群島。

是的，只用七個小時，轟炸機和運輸機就會從佛德角群島到巴西。佛德角群島是進出南大西洋的要衝。

戰火即將燒到西半球的邊緣，即將燒到我們的家門口。

納粹部隊佔領並控制大西洋的任何一個島嶼都將危及北美及南美的安全，危及到美國對這些島嶼的所有權，進而危及美國本土的安全。

要不是有下列兩個因素，希特勒征服世界的計畫即將得逞。

一個因素是英國的英勇抵抗，包括英國的殖民地、英聯邦的自治領土。這些抵抗不僅保護了英國本土，也保住了近東和非洲。另一個因素是中國對法西斯的抗擊。我有理由相信中國抗擊法西斯的力量將不斷強大。上訴的兩個因素結合起來阻止了軸心國對海洋的控制。

軸心國將永遠無法實現控制世界的目標，除非他們先控制了海洋，這是他們今天的終極目的。爲了實現這個目的，軸心國必須佔領英國。

然後軸心國將騰出手來征服西半球。任何欺騙性的理由，任何煽情以及任何虛假承諾，都無法欺騙美國人們相信希特勒及其他軸心國在征服英國之後，不會無情地進攻我們的西半球。

但是如果軸心國無法控制海洋，他們將註定失敗，他們統治世界的夢想也必將落空。發起這場戰爭的罪犯的頭領，也必將面臨最終的審判。

他們和他們的人民知道這一點，他們及他們的人民也害怕這一點。這也就是爲什麼他們會不惜一切代價、孤注一擲地要奪取對海洋的控制權。一旦被拖入曠日持久的地面戰爭，納粹的鐵蹄將無法踐踏歐洲大陸成千上萬無辜的受壓迫者，最後整個納粹組織將會瓦解。請記住，納粹在陸地上戰線拉的越長，他們將面臨的危險就越大。

我們不應忘記那些受壓制的沉默民族，那些沒有被納粹殺掉並逃到自由國度的德國主人，他們便是那些沉默的民族，他們的後代也將是奴隸。但是這些民族在精神上並未被征服：奧地利人、捷克人、波蘭人、挪威人、荷蘭人、比利時人、法國人，希臘人、南斯拉夫人——是的，甚至是那些被奴役的義大利人和德國人，都是最終使納粹統治崩潰瓦解的最大力量。

自由意味著生存，但不意味著要征服其他民族。所有的自由都將取決於海洋的自由，整個美國歷史——無論是北方，中部還是南方的歷史——都必然和這幾個字聯繫在一起：海洋的自由

（freedom of the seas）。

自一七九九年也就是一百四十二年前，當美國海軍保護西印度群島、加勒比海以及墨西哥灣，使之成爲美國船隻航行的安全海域，自一八〇四、一八〇五年，當我們的海軍保護所有的商船免受巴巴里⑥海盜的劫掠；自一八一二年戰爭以來，每次戰爭也是爲了捍衛水手的權利；自一八六七年以來，我們海軍的強大，足以使墨西哥人將拿破崙的法國軍隊驅逐出國門成爲可能，我們就一直在努力捍衛海洋的自由——我們海上運輸的自由，我們姊妹共和國之間貿易的自由，捍衛所有的國家利用海上高速公路貿易的自由——也爲了我們自身的安全。

第一次世界大戰期間，我們能夠利用死凹形的驅逐艦、炮艇和驅逐艦爲商船護航。這種模式，也叫護航，對付潛艇也非常有效。在二戰中，問題要大得多。

這次不同的是，納粹的攻擊對海洋自由貿易的威脅是以往的四倍。首先潛艇的威脅增大了；其次，他們大量使用了裝備精良的驅逐艦和戰列艦；第三是來自轟炸機的威脅，這些轟炸機能夠摧毀距基地七百或八百英里之外的商船；第四，轟炸機能摧毀停泊在世界各地港口的商船。

大西洋上的戰火，已經從冰封水域的北極地區蔓延到冰天雪地的南極洲。在這廣闊的區域內，被納粹的艦艇和潛艇擊沉的商船數量驚人。甚至有相當數量掛著中立國旗幟的商船被擊沉。

這些區域包括南大西洋，西非沿海和佛德角群島，亞速爾群島，美洲海岸以及格陵蘭和冰島。被擊沉的商船有相當數量發生在西半球水域。

一個不爭的事實是：我披露這些是因爲我十分瞭解英國政府。納粹擊沉商船的速度是英國造船廠彌補這些損失船隻速度的三倍，比英美兩國商船建造數量的兩倍還要多。

我們可以同時採用兩種措施來應對這種危害：首先，加快造船速度並增加我們的造船計畫；其次，減少海上商船的損失。

對沿海商船的攻擊，實際上是對美國本土構成了軍事威脅。而美國本土是我們決心要捍衛的。具備強大攻擊力的納粹戰艦出現在西半球水域，也使這種危險更加凸顯出來。眾所周知，英國的絕大多數供給都是走北方線路，靠近格陵蘭島和冰島。德國攻擊的重點也在這條線路上。

納粹佔領格陵蘭島或在冰島擁有基地，將把戰火燒到我們的海岸，因爲這些地方是到紐芬蘭和新斯科舍⑧的跳板。是的，也是到達美國的跳板，包括我們的工業中心以及美國北部、西部和中西部。

同樣的，如果德國佔領並控制亞速爾群島和佛德角群島，將會直接威脅到大西洋航行的自由，以及美國本土的安全。這些島嶼一旦落入德國手中，將會成爲潛艇、軍艦以及空軍基地。這些潛艇、軍艦及戰機將會直接襲擊我們沿海的水域，並攻擊南大西洋上的運輸船隻。這些基地將爲德軍攻擊巴西提供跳板，威脅巴西的領土完整與獨立，也將威脅到巴西的鄰國。

我已經多次談到美國正在調動人力、物力，其目的是爲了自身的防禦、擊退敵人的進攻。在這裏我重申我說過的話。說到「進攻」，我們一定要面對現實，一定要把它與現代戰爭的閃電速度聯繫在一起。

有些人可能會認爲直到炸彈落在紐約、三藩市、新奧爾良或芝加哥的街頭，我們才算受到了攻擊。我們必須從被納粹佔領的每一個國家的命運中得到教訓，一定不能對這些教訓視而不見。

對捷克斯洛伐克的攻擊始於對奧地利的征服，對挪威的攻擊始於對丹麥的佔領，對希臘的攻擊始於對阿爾巴尼亞和保加利亞的佔領，對蘇伊士運河的攻擊始於入侵巴爾幹和北非，對美國的攻擊可能會始於對這些基地的控制，這將威脅到美國的安全，無論是北方還是南方。

沒有人能夠在今天晚上預言，獨裁者對西半球和我國本身發起攻擊的行動會在何時發動。但是我們清晰地認識到，等候敵人將戰火燒到自己家門口，無異於坐以待斃。

當敵人的坦克和轟炸機出現在你家門口，當你看清敵人的面孔還不採取任何行動，你將永遠也弄不清楚是什麼在攻擊你。我們明天的邦克山⑨可能是距波士頓和麻塞諸塞州數千英里之外的地方。任何對美國的版圖有所瞭解的人，任何對現代戰爭爆發的驚人破壞力略知一二的人都應該知道，讓潛在的敵人獲得立足點再來攻擊我們是多麼的愚蠢。常識要求我們要運用戰略首先阻止敵人獲得這樣的立足點。

因此，我們已經擴大了在北大西洋及南大西洋水域的巡邏。派往該地區巡邏的船隻和飛機正在不斷增加。眾所周知，大西洋艦隊的軍力在過去的一年中大大增強，並且還在不斷增強。

這些戰艦和戰機向來犯的敵人發出了警告，無論是海面上的、水下的還是空中的。如果敵人所處的方位我們一清二楚，來自敵人襲擊的威脅就會大大降低，這樣我們可以得到預警，我們會警惕納粹在靠近我們的半球建立軍事基地。

殘酷的現實迫使所有的國家爲了自我防禦做出抉擇。有人會說：「我堅信要捍衛所有的西半球國家，」過後可能又會說：「直到敵人在我們的海灘登陸，我才會爲包圍祖國而戰。」這樣說是沒道理的。如果我們堅信所有美洲國家的獨立與領土完整，我們應主動爲之而戰，捍衛它們，就如同捍衛我們自己的家。

我們必須認識到我們在美國家園的安全，哪怕是處於美國的中心，也與加拿大的新斯科舍、特立尼達以及巴西的安全緊密相連。

因而，今日的美國國策如下：

首先，我們將積極的調動一切力量來抵制納粹征服西半球，威脅西半球的一切企圖。我們將積極抵禦納粹控制海洋的一切企圖。我們堅持阻止希特勒在任何地方建立針對美國的軍事基地。這一點十分重要。

其次，在海軍以及其他軍事方面，我們將給予英國以一切可能的援助，也將給予那些武裝對抗希特勒及軸心國的國家一切可能的援助。我們的巡邏將有助於確保這些軍需物資運抵英國，我們將會採取一切其他的措施來提供這些物資。我們還將採取近一步的措施及一些綜合性措施，軍事技術專家將和我一道拿出這些措施，並在必要時付諸實施。

我想說的是，給英國軍需物資是絕對比必要的。我想說的是，這一點我們能做到，必須做到，也將會做到。

對其他美洲國家——二十個加盟共和國以及加拿大⑩，我想說的是：美國不僅僅是提出這樣一些打算，而且正積極地將這些想法付諸實施。

我還要作進一步的補充：你們完全可以對那一小撮美國人的所作所爲置之不理，他們一直在爭論不休，說什麼美國尚未統一，無法採取行動。

我們當中不乏膽怯之人，這些人認爲我們應不惜一切代價保持和平，以免永遠失去自由。對這些人我要說：在歷史的長河中，沒有任何一個國度用鬥爭成功地捍衛了民主卻失去了民主。我們不能因爲威脅而不戰自敗，而我們正在爲抵禦這些威脅做準備。我們所擁有的自由說明我們已經具備打贏這次戰爭的能力，而投降只能使自由不復存在，我們唯一恐懼的事情是恐懼本身。

的確，我們當中存在那麼一小部分愛國人士，他們對和平的熱愛，使他們對國際上醜惡的強盜行徑視而不見，也是他們沒有意識到不惜一切對抗納粹的必要性。

我確信他們是因爲接受敵人的支持而感到爲難。這些民主的敵人包括：同盟分子⑪、法西斯主義者、共產主義者以及那些醉心於種族及宗教偏執排斥行爲的團體。這些民主的敵人提出的論據絕非巧合——他們的企圖是擾亂我們的意識並瓦解我們的人民，最終摧毀公眾對政府的信心——所有失敗主義者的預言：英國和民主制度將被打敗——所有自私者的允諾：我們能夠和希特勒做貿易——這一切的說法都來自納粹宣傳機構。相同的說法也曾出現在其他國家——目的是恐嚇他們、瓦解他們、並削弱他們抵抗的意志。無論在哪裏，這樣的說法便是軍事進攻的序曲。

你們的政府有權希望公民參與到共同防禦的事務中來——也有權在這一刻退縮。

我已經籌建了全民抗戰的機制。這種機制將在每一寸國土中迅速建立起來，這將取決於每一位公民的齊心協力。所有的公民都將有機會、有責任履行自已的義務。

今天的防務遠非戰鬥那麼簡單。它意味著正規軍、士氣還有全民抗戰；他意味著利用一切可以利用的資源；它意味著擴建每一個能爲抗戰所用的工廠；它意味著美國人應該用常識對一切謠言和歪曲的說法置之不理；它意味著我們應認識到那些謊話連篇的納粹分子以及第五縱隊分子要把戰火在這一刻燒到我們的祖國。

眾所周知，近些年來，我們已經取得了長足的進步。我們想保持並加快這種進步。然而，就像今天這樣，當我們的國家面臨外敵入侵的威脅，國防物資的生產和運輸就不應當被這樣的爭論所打斷：諸如投入多少資金及如何使用資金和勞動力。我們企業的未來，包括資金和勞動力都已經處於危險之中。

如今已沒有時間讓資本去創造剩餘價值，也不容許我們這樣做。全國所有的工業企業都必須毫無爭議的轉入戰備物資的生產中。

調節工業糾紛的全國性機構已經建立起來，這個機構必須馬上運轉起來，必須馬不停蹄地工作。集體性的協商談判將會保留，但美國人期望政府在調解工業糾紛的服務中，能拿出資金和勞動力方面的公正建議。

絕大多數的美國公民期望政府確保戰備物資的生產。爲了確保資方和勞動力雙方的民主權利，政府決心調動一切力量來體現人民的意願，並阻止一切對戰備物資生產的干預。這些戰備物資對美國的國家安全是至關重要的。

今天，整個世界已經兩極分化：一是奴隸制，他們代表的是異教徒的兇殘；另一種則是崇尚人的自由、體現基督教的理想。

我們會選擇人類的自由，因它體現基督教的理想。我們當中沒有人會在勇氣或信仰方面有一絲一毫的動搖。

我們不會接受由希特勒主宰的世界。我們也不會接受這樣一個世界，就像二〇年代第一次大戰之後的世界，希特勒的納粹主義死灰復燃並四處蔓延。

我們只會接受這樣一個世界：人們能夠暢所欲言——每個人都自由地用自己的方式崇敬上帝——沒有貧困，也沒有恐怖主義。

難道這樣的世界眞的無法實現嗎？

《大憲章》、《獨立宣言》、《美國憲法》、《解放宣言》以及人類歷史上每一個里程碑——所有的這一切理想似乎都難以企及——然而他們最終都得以實現了。

美國剛剛獨立的時候，我們的軍事力量還相當薄弱，但我們卻成功的擺脫了專制君主制度。當時他們也是十分強大，但如今已化作歷史的塵埃。

當時，我們成功的希望十分渺茫。難道在今天，我們已經具備了一切潛在力量，卻還要猶豫是否採取必要的措施來維護美國的民主嗎？我們的人民和政府會毫不猶豫地迎接挑戰。

作爲團結一致、意志堅定的一國國民的總統，我鄭重宣佈：

我們重申我們亙古不變的原則：海洋的自由。

我們重申我們二十一個加盟共和國以及包括加拿大在內的患難與共，共同維護西半球的獨立與完整。

我們保證給予世界上其他民主國家以物資上的支援，並且一定會履行我們的諾言。

美洲人會自己做出判斷，美洲的利益及安全是否會受到威脅，何時何地會受到威脅？我們將毫不猶豫的使我們的武裝力量處於戰備狀態。我們將毫不猶豫地用武力驅逐外敵的入侵。我們重申我們不變的信念：堅信依據憲法的共和制國家的生機與活力，這樣的國家將自由永存，寬容常在，永遠聽從上帝的旨意。

因而，意識到我對我的同胞、對國家的事業及我所肩負的責任，今晚我發表聲明：全國進入無限期的緊急狀態，傾舉國之力壯大我們的國防力量。

國家期望每一位公民及每一個團體要傾全力參與其中，履行自己應盡的義務，並堅信民主一定會取得最終的勝利。

在這裏，我引用《獨立宣言》簽署者的話：爲數不多的愛國者，很久以前與強敵交戰，力量對比懸殊。但正如今天我們可以確定的是：我們是最終的勝利者，我們彼此用生命、財富以及我們的人格發誓，堅決捍衛神聖上帝。

注釋：

①泛美聯盟（Pan-American Union）是美洲國家的國際組織，現稱「美洲國家組織」。一八九〇年四月十四日，美國與拉美十七個國家在華盛頓舉行第一次美洲國家會議，決定建立美洲共和國國際聯盟，一九一〇年易名為「泛美聯盟」，一九四八年改為今名。該組織的機構有大會、常設理事會等，總部設在華盛頓。

②希特勒主義（Hitlerism），希特勒主張的調整全球版圖、建立「新世界」的一系列專制恐怖思想、政策，略同於納粹主義。羅斯福在「爐邊談話」中除使用納粹主義、法西斯主義外，也多次使用希特勒主義這一概念。

③《租借法案》（The Lend-Leaise Bill）是美國援助英國及其他反法西斯國家裝備和物資的法律，一九四一年三月由羅斯福簽署。該法案准許總統對他認定的「其防務對美國國防至關重要

的任何國家」，進行「出賣、轉讓、交換、租借或用其他方式處置」防務用品。

④吉斯林（V. A. L. Quisling，一八八七～一九四五），第二次世界大戰期間挪威傀儡政府首腦。一九四〇年協助納粹德國侵佔挪威，一九四二年充當傀儡政府首腦，一九四五年以叛國罪被處決。後來，吉斯林成為傀儡和內奸的代名詞。

⑤鵝步（Goose-steeping），正步走。源自德國前身普魯士陸軍。後來納粹德國把這種鵝步發揮到了極致。在西方社會，鵝步往往與納粹、法西斯、極權聯繫在一起。

⑥巴巴里（Barbary），過去對埃及以西的北非地區之稱謂。

⑦路易·拿破崙（Napoléon III，一八〇八～一八七三），又稱拿破崙·波拿巴，即拿破崙三世。在位時曾先後發動包括墨西哥的掠奪性戰爭。

⑧這裏的拉布拉多、紐芬蘭、新斯科舍都是加拿大半島或島嶼，位於北美洲的東部，是從海上進入北美東部的門戶。

⑨邦克山（Bunker Hill）是波士頓北郊的一座小山，美國獨立戰爭的第一次戰鬥在此進行（一七五五年六月十七日），英軍在戰鬥中獲勝。

⑩當時的泛美聯盟包括美國及其他二十個拉丁美洲國家，加拿大還不是該組織成員。現在的美洲國家組織成員包括美國、加拿大和三十五個拉美國家。

⑪同盟分子（Bundists），指二十世紀三〇年代親納粹的美籍日爾曼人組織Bund的成員。

國家圖書館出版品預行編目資料

果敢善斷：爐邊談話之新政與經濟篇 / 富蘭克林・羅斯福著；趙越, 馬飛, 孔謐翻譯. -- 初版. -- 新北市：華夏出版有限公司, 2023.06

面； 公分. --（Sunny 文庫；284）

ISBN 978-626-7134-75-7（平裝）

1.CST：美國政府 2.CST：經濟政策

3.CST：言論集

752.26207 111020778

Sunny 文庫 284

果敢善斷：爐邊談話之新政與經濟篇

著　作　（美）富蘭克林・羅斯福

翻　譯　趙越 馬飛 孔謐

印　刷　百通科技股份有限公司

電話：02-86926066 傳真：02-86926016

出　版　華夏出版有限公司

220 新北市板橋區縣民大道 3 段 93 巷 30 弄 25 號 1 樓

電話：02-32343788 傳真：02-22234544

E-mail：pftwsdom@ms7.hinet.net

總 經 銷　貿騰發賣股份有限公司

新北市 235 中和區立德街 136 號 6 樓

電話：02-82275988 傳真：02-82275989

網址：www.namode.com

版　次　2023 年 6 月初版一刷

特　價　新台幣 350 元（缺頁或破損的書，請寄回更換）

ISBN-13：978-626-7134-75-7